“紅茶の聖地をめぐる旅”

SRI LANKA TRAVEL BOOK

スリランカ トラベルブック

はじめに

私がはじめてスリランカを訪れたのは1999年。日刊スポーツ新聞社に勤めていた時に、１週間の休みをとってスリランカの紅茶生産地をぐるりと旅した。出来たての紅茶の新茶を飲んでみたかったから。スリランカはインド洋に浮かぶ小さな島で８つの世界遺産があり、伝統的な医療のアーユルヴェーダ、ジェフリー・バワの建築、美しいビーチ、サファリ、占星術に宝石と魅力がいっぱい。

でも、私にとってのスリランカはなんといっても紅茶の聖地。見渡す限り広がる茶畑。プラッカー（茶摘み婦人）は歌いながら茶摘みをし、休憩時間は茶畑でのんびりティータイム。街へ行けば、八百屋さんは大きなマグで紅茶を飲み、テイクアウトのお店では、ビニールに熱い紅茶を入れて、ストローをさして売っている！ 当時日本で紅茶といえば女性のイメージが強くて、マナー重視、イギリスのアフタヌーンティーを優雅に……というのがお決まりのパターン。でもスリランカでは大人から子供まで当たり前のように、おおらかに紅茶を飲んでいた。男性も全員紅茶を飲んでいる、このインパクトは強烈。おもしろいじゃない！と心躍った。そんな紅茶文化のなかでじっくり過ごしてみたくなってしまい、会社を辞めて、2001年、スリランカへ移り住むことに！ スケジュールも立てないまま……。

当時のスリランカは内戦のまっただ中。観光客が自由に紅茶を楽しめる茶園はペドロ茶園とラボケリー茶園の２ヶ所だけだった。せっかくスリランカに来て、こんなに茶畑が広がっているのに、新茶を楽しめる場所はごくわずか。スリランカ人は近所のスーパーで購入する紅茶を飲んでいた。そのいれ方も飲み方も独特だったけどね。2009年に内戦が終結。世界からの観光客も格段に増え、2010年にはニューヨーク・タイムズ紙で「訪れるべき国第１位」に選ばれ、2013年には世界的に有名な旅

行ガイドブック「ロンリープラネット」で、今一番行きたい国のトップに躍り出た！ そして2019年、再びトップに。

2001年、質の高いおいしいセイロン・ティーはほとんど海外へ輸出され、スリランカでは決まったメーカーのセイロン・ブレンド・ティーしか買えなかった。それが、内戦が終わり、「ディンブラBOP」というパッケージで産地別の紅茶が買えるようになり、ひとり感動した。紅茶業界のVIPのみが泊まることができた茶園内のバンガローは、ツーリストでも宿泊可能になり、山々を覆い尽くす美しい茶園はスリランカの絶景ポイントとして紹介され、製茶工場は観光名所となった。茶園併設のカフェも続々と誕生し、出来たての紅茶の新茶をその場で楽しむことができるようになった。

太陽がゆっくりと角度を変えていくのを肌で感じながら、風に揺れる茶の木に囲まれ、気持ちのよい空気の中で、時間を気にせずゆったりとおいしい紅茶を楽しむ。私の人生の中で最も贅沢な時間‼ イギリス植民地時代の影響が色濃いホテルではアフタヌーンティーやハイティーも提供するようになった。ヌワラエリヤ、ディンブラ、ウバなどのセイロンティーに、スコーンやサンドウィッチ、そして、スリランカのローカルスイーツも楽しめる。なぜか日本の巻き寿司ものっていたりするけれど。

いま世界中の観光客が、こぞって魅惑の国スリランカへ。スリランカが大きく変わろうとしている。最高においしい紅茶を飲みにいく、というワクワクする旅をしてみませんか。情報も少なく、心配なことも多いかもしれない。私が主催するセイロン・ティーツアーでは100人以上スリランカを案内してきたけれど、リピーターがなんと多いことか……。紅茶の奥深さ、ホスピタリティ、日本人の口に合うカレー、魅惑のスパイス……、もっと知りたい、また行きたい、帰国したらそんな気持ちを抑えられなくなるのかも。おいしい紅茶だけではなく、紅茶を取り巻く素敵な人々との出会いに心揺さぶられることとなるでしょう。きっと、あなたも。

Contents

Democratic Socialist Republic of Sri Lanka

スリランカ民主社会主義共和国

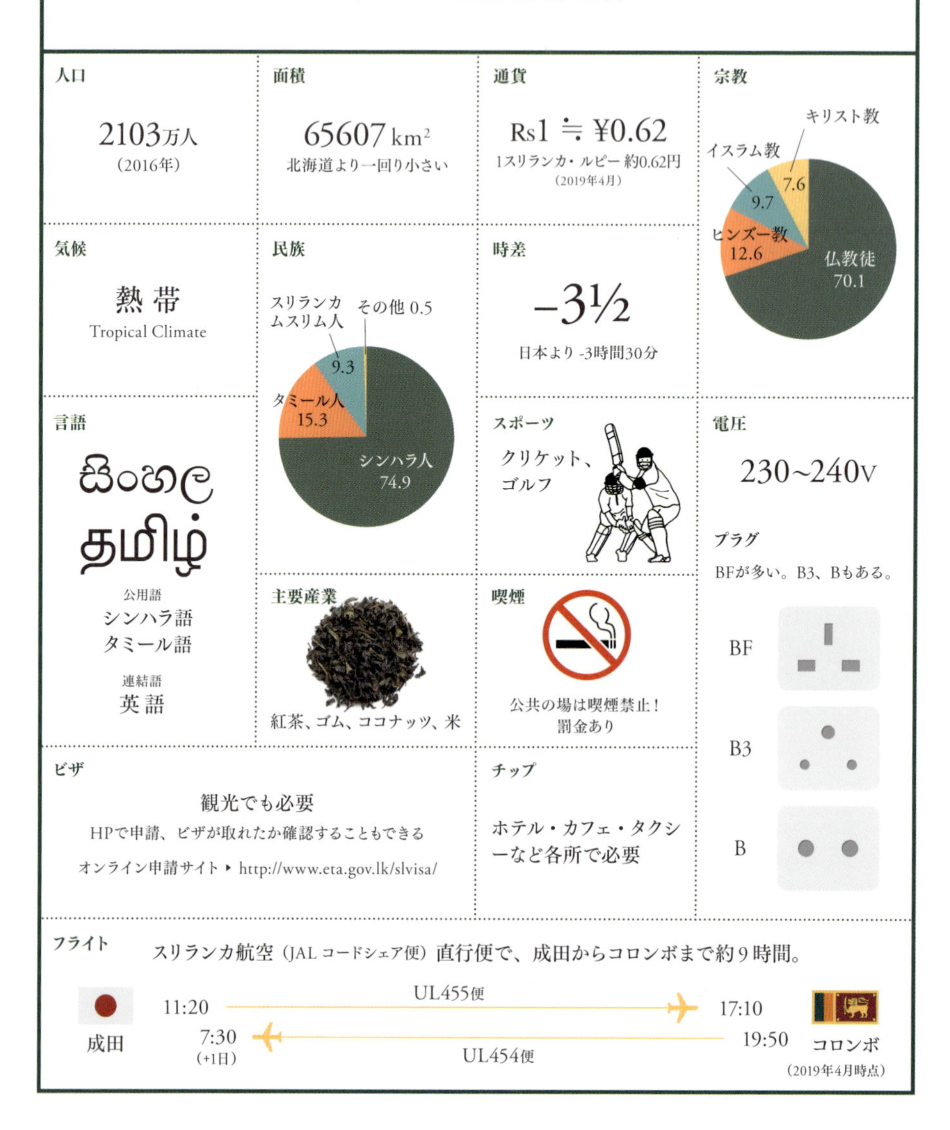

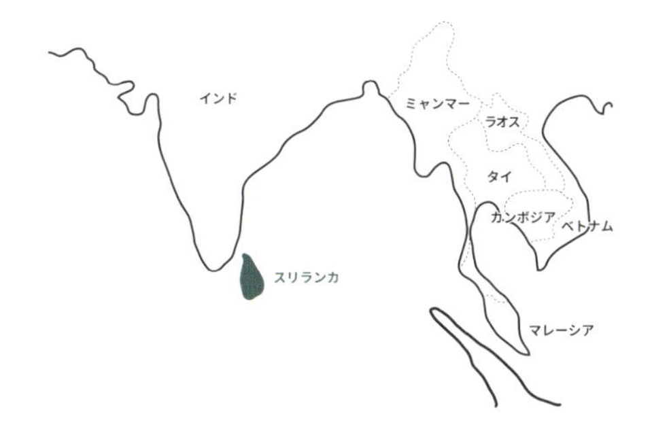

インドの南東にぽっかりと浮かぶ島、スリランカ。「スリランカ」とはシンハラ語で「聖なる光り輝く島」という意味。首都はスリ・ジャヤワルダナプラ・コッテだが、コロンボが商業都市で、今まさにどんどん発展している。また、せまい国土に茶園が700以上もあり、7つの産地に区分され、それぞれの茶畑で特徴のある紅茶がとれる。いわゆる世界中で飲まれているセイロン・ティーだ。

そしてジャングルの中に突如そびえ立つ天空の城・シーギリヤをはじめとする8つの世界遺産、伝説的な建築家ジェフリー・バワの世界、伝統的医療のアーユルヴェーダ。占星術も生活に深く根付いており、新年は太陽暦に従い4月にお正月を迎えるのだが、年末年始の行事の時間は占星術で決められるという。もちろん自分に合う仕事

photo by スリランカ政府観光局

や結婚相手も占星術でみてもらうそう。

モルディブフィッシュという鰹節みたいな物とスパイスをササッと調合して作るスリランカ・カレーや、ジープをチャーターして大自然の中を探検するサファリも人気。また、世界中のセレブに愛される、宝石の町、ラトゥナプラ。イギリスのキャサリン妃が受け継いだ、故ダイアナ妃の形見であるブルーサファイアのリングがスリランカ産であることは有名だ。

黄金海岸と呼ばれる南西部は世界屈指のビーチリゾートとして名高く、五つ星クラスのホテルが点在する。また南西部のヒッカドゥワ、南東部のアルガムベイには良い

photo by スリランカ政府観光局

波を求めて世界中からサーファーが集まる。街を歩くと、美しいシルエットのサリーが風にゆらめき、男性はサロンと呼ばれるスカートのような腰巻きを身にまとっている。真っ白の制服を着た子供たちは、満面の笑みで手を振ってくれる。

そしてこの国は、ほかのどの国よりも……、と言ってよいほどの親日国。日本から来たと伝えると、それだけで最高のおもてなしの言葉をかけてくれる。

第二次世界大戦後、多くの国が日本に対して賠償金を要求し、日本を分割しようという案が出ていた中で、スリランカ代表の

ジャヤワルダナ氏はサンフランシスコ講和会議で「憎しみは憎しみによっては止まず、ただ愛によってのみ止む」と仏陀の言葉を引いて演説し、日本に対する賠償請求権を放棄すると宣言。世界のトップリーダーたちの心を動かした。日本はこの恩を忘れず、スリランカの道路や橋の建設などを数多く手がけるようになり、両国はとても強い絆で結ばれている。今では、戦後に急成長をとげた日本に尊敬の念すらもって接してくれる。スリランカで国民的人気となった日本のドラマ「おしん」の影響も多分にあるけどね。

スリランカは日本の真夏のように蒸し暑いが標高が高くなれば一気に冷え込む。標高1868mのヌワラエリヤに行くなら、防寒着は忘れずに持って行こう。朝晩や、雨が降るとぐんと冷え込み、ダウンやフリースが必要になる。スコールのような雨が降る日も。日差しが強いので、日傘兼雨傘があると便利。

世界遺産の仏歯寺などお寺を参拝する際には、靴と帽子は脱ぐこと。タンクトップや、ミニスカート、半ズボンなど、肌の露出の多い服装では中に入れない。白い服、長めのスカートやズボン、ストールなども持って行こう。旅の期間中に「満月の日」がないかもチェックしておこう。満月の日は「ポーヤデイ」と呼ばれ、官公庁をはじめ銀行や多くの商業施設がお休みとなる。国民の７割が仏教徒であるスリランカでは、アルコールや肉食を慎み、白い服装でお寺に参拝に行く日だ。旅がスケジュール通りにはいかなくなる可能性大。

現地での移動でいちばんおすすめしたいのは、効率が良く快適な、運転手付きレンタカー。日本語が話せるドライバーやガイドもたくさんいる。またインターシティーという高速バスも便利。予約なしで座れ、エアコンも完備。主要な街であれば本数も多い。満席になったら出発し、基本的にノンストップで走る。ただし大音響のスリランカ・ミュージックつき。列車もあるが、コロンボから放射線状に線路が延びているので、各都市間を行き来するには不便なことも。目的の街に着いたら、三輪車（スリーウィーラー）での移動がおすすめ。行き先を告げ、値段交渉してから乗り、料金は後払い。交渉も楽しめるような心のゆとりがあれば、旅はもっと面白くなる。コロンボにはメーター付きの三輪車も増えてきた。これなら交渉不要だが、メーターが動いているか必ずドライバーに確認してね。

そして、水分補給はとても大事。でも、生水は避けよう。一度沸かしたボイルドウォーターや、ペットボトルを携帯すれば安心。トイレにはトイレットペーパーがないところも多いので、水に流せるティッシュやトイレットペーパーを持参すると良い。虫除けスプレーもバッグに入れて持って行こう。現地の蚊や虫に合わせて、スーパーで買うのもおすすめ。

photo by スリランカ政府観光局
photo by スリランカ政府観光局

スリランカ航空
運航スケジュール

		便名	出発地		到着地		曜日
成田発着	往路	UL455	成田	11:20	コロンボ	17:10	月 火 木 土 日
	復路	UL454	コロンボ	19:15	成田	07:35（翌日）	月 水 金 土 日

日本航空との国内線コードシェア便

		便名	出発地		到着地		曜日
名古屋発着	往路	JL3082/UL3348	名古屋	08:15	成田	09:30	月 火 木 土 日
		UL455	成田	11:20	コロンボ	17:10	月 火 木 土 日
	復路	UL454	コロンボ	19:15	成田	07:35（翌日）	月 水 金 土 日
		JL3083/UL3352	成田	10:25（翌日）	名古屋	11:35	月 火 木 土 日
伊丹発着※1	往路	JL3002/UL3350	伊丹	08:00	成田	09:25	月 火 木 土 日
		UL455	成田	11:20	コロンボ	17:10	月 火 木 土 日
	復路	UL454	コロンボ	19:15	成田	07:35（翌日）	月 水 金 土 日
		JL115	伊丹	11:30（翌日）	羽田	12:30	毎日
福岡発着※2	往路	JL3052/UL3332	福岡	07:20	成田	09:10	月 火 木 土 日
		UL455	成田	11:20	コロンボ	17:10	月 火 木 土 日
	復路	UL454	コロンボ	19:15	成田	07:35（翌日）	月 水 金 土 日
		JL315	羽田	11:15（翌日）	福岡	13:00	毎日
札幌発着※3	往路	JL3040/UL3334	札幌	07:55	成田	09:25	月 火 木 土 日
		UL455	成田	11:20	コロンボ	17:10	月 火 木 土 日
	復路	UL454	コロンボ	19:15	成田	07:35（翌日）	月 水 金 土 日
		JL513	羽田	11:30（翌日）	札幌	13:05	毎日

※1 復路伊丹行きは羽田発をお勧めします。※2 復路福岡行きは羽田発をお勧めします。※3 復路札幌行きは羽田発をお勧めします。

羽田発 日本航空との国際線コードシェア便

		便名	出発地		到着地		曜日
バンコク経由	往路	JL033/UL3357	羽田	00:40	バンコク	05:00	毎日
		UL403	バンコク	09:10	コロンボ	11:00	毎日
	往路	JL31/UL3359	羽田	11:20	バンコク	15:40	毎日
		UL407	バンコク	20:25	コロンボ	22:15	毎日
	復路	UL406	コロンボ	14:20	バンコク	19:25	毎日
		JL034/UL3360	バンコク	21:55	羽田	06:05（翌日）	毎日
	復路	UL402	コロンボ	01:00	バンコク	06:15	毎日
		JL032/UL3358	バンコク	09:45	羽田	17:55	毎日
シンガポール経由	往路	JL31/UL3337	羽田	11:30	シンガポール	17:35	毎日
		UL309	シンガポール	20:10	コロンボ	21:30	毎日
	往路	JL033/UL3335	羽田	00:05	シンガポール	06:15	毎日
		UL307	シンガポール	09:45	コロンボ	11:05	毎日
	復路	UL308	コロンボ	12:15	シンガポール	18:55	毎日
		JL036/UL3336	シンガポール	21:50	羽田	05:50（翌日）	毎日
	復路	UL308	コロンボ	12:15	シンガポール	18:55	毎日
		JL038/UL3338	シンガポール	01:50（翌日）	羽田	09:50	毎日

成田発 日本航空との国際線コードシェア便

		便名	出発地		到着地		曜日
バンコク経由	往路	JL707/UL3341	成田	18:20	バンコク	23:00	毎日
		UL403	バンコク	09:10（翌日）	コロンボ	11:00	毎日
	往路	JL707/UL3341	成田	18:20	バンコク	23:00	毎日
		UL405	バンコク	13:55（翌日）	コロンボ	15:45	毎日
	復路	UL402	コロンボ	01:10	バンコク	06:15	毎日
		JL708/UL3340	バンコク	08:05	成田	16:20	毎日
	復路	UL406	コロンボ	14:20	バンコク	19:25	毎日
		JL708/UL3340	バンコク	08:05（翌日）	成田	16:20	毎日
シンガポール 経由	往路	JL711/UL3353	成田	17:55	シンガポール	00:20（翌日）	毎日
		UL307	シンガポール	09:45（翌日）	コロンボ	11:05	毎日
	往路	JL711/UL3353	成田	17:55	シンガポール	00:20（翌日）	毎日
		UL303	シンガポール	15:10	コロンボ	16:30	毎日
	復路	UL308	コロンボ	12:15	シンガポール	18:55	毎日
		JL712/UL3354	シンガポール	08:10（翌日）	成田	16:20	毎日
	復路	UL302	コロンボ	07:30	シンガポール	14:10	毎日
		JL712/UL3354	シンガポール	08:10（翌日）	成田	16:20	毎日
デリー経由	往路	JL749/UL3339	成田	11:40	デリー	16:45	毎日
		UL196	デリー	18:45	コロンボ	22:20	毎日
	復路	UL195	コロンボ	14:10	デリー	17:45	毎日
		JL740/UL3330	デリー	19:35	成田	07:25（翌日）	毎日
クアラルンプール経由	往路	JL723/UL3355	成田	11:20	クアラルンプール	17:45	毎日
		UL319	クアラルンプール	09:20（翌日）	コロンボ	10:25	毎日
	復路	UL314	コロンボ	07:40	クアラルンプール	14:00	毎日
		JL724/UL3356	クアラルンプール	22:50	成田	07:05（翌日）	毎日

関空・名古屋発 日本航空との国際線コードシェア便

		便名	出発地		到着地		曜日
関西国際空港発着 バンコク経由	往路	JL727/UL3345	関西	0:55	バンコク	04:40	毎日
		UL403	バンコク	9:10	コロンボ	11:00	毎日
	復路	UL406	コロンボ	14:20	バンコク	19:25	毎日
		JL728/UL3344	バンコク	23:30	関西	07:05（翌日）	毎日
名古屋発着 バンコク経由	往路	JL737/UL3347	名古屋	10:25	バンコク	14:15	毎日
		UL407	バンコク	20:25	コロンボ	22:15	毎日
	復路	UL406	コロンボ	14:20	バンコク	19:25	毎日
		JL738/UL3346	バンコク	00:25（翌日）	名古屋	08:15	毎日

スケジュールは予告なく変更される場合がありますのでご了承ください

SRI LANKA

スリランカ　5泊7日
ミツのおすすめコース

1日目　NEGOMBO
ニゴンボ
……… P16

バンダラナーヤカ国際空港到着。空港まで迎えに来てもらい、車で20分の海沿いの街ニゴンボへ。途中、現地の人たちでにぎわうレストランに立ち寄り、キリテー（スリランカの甘いミルクティー）と、お菓子を楽しむ。

2日目　KANDY
キャンディー
……… P28

キャンディーへ出発。途中でパイナップルをはじめとするフルーツやカシューナッツを買って。車で4時間、キャンディーに到着後のランチにはスリランカ・カレーがおすすめ。北のマータレーまで、さらに車で45分。ノリタケ・アウトレットに立ち寄り、ティーポットやティーカップ、ケーキ皿などのお宝探し。スパイスガーデンに立ち寄り、自生のスパイスを見学しつつショッピング。キャンディーに戻り、宿泊。

3日目　NUWARA ELIYA
ヌワラエリヤ
……… P44

ヌワラエリヤへは車で3時間。朝キャンディーにある世界遺産の仏歯寺を見学して、サリーや宝石のショップに立ち寄っても。途中のブルーフィールド茶園やラボケリー茶園でティータイムとショッピング。標高が高くなるにつれて時には冷え込むので防寒着が必要。製茶工場を改築したヘリタンス ティー ファクトリー ホテルへ。天気が良ければ、茶畑を見ながらテラスでハイティーも。

4日目　NUWARA ELIYA

……… P44

ヌワラエリヤ

ペドロ茶園で工場見学と茶摘み体験。併設カフェでショッピングも楽しもう。ミツの下宿先だったハワエリヤのロシェン ストアーズにて、ミルクパウダーや、スナック菓子、ハーバル歯磨き粉などローカルプライスのプチギフトを購入。リトルイングランドと呼ばれるヌワラエリヤの街を散策し、スーパーでお買い物。ジェットウィング セント アンドリューズ ホテルでハイティーを。宿泊するのもおすすめ。

5日目　DIMBULA & WEST COAST

……… P60

ディンブラ＆西海岸

ディンブラ経由、西海岸へ車で6時間。途中ムレスナ ティー キャッスルでランチとショッピングはいかが。紅茶はもちろん、ティーグッズも充実している。ゼスタ ティー カップでティータイム。宿泊はジェフリー・バワ建築のホテル、ワドゥワにあるブルー ウォーターへ。インド洋にゆっくりと沈む美しい夕陽を見たい。

6日目　COLOMBO

……… P98

コロンボ

コロンボまでは車で1時間。ショッピングを楽しむなら、オデール、ベアフット、パラダイスロード、ダッチホスピタルがおすすめ。紅茶を買うならスリランカ政府紅茶局（ティーボード）へ。また、短時間のアーユルヴェーダ体験も。スタジオフォートでスリランカの伝統衣装サリーに着替えてメイクアップし、エキゾチックなジュエリーをつけて記念写真はいかが。ランチはキングズバリー ホテルのビュッフェがおすすめ。それから空港へ。

7日目　帰国

ミツはスリランカの旅のアレンジはトラベルサライさんにお願いしています。
一人旅でもグループ旅でも、リクエストに合わせてアレンジしてもらえますよ。

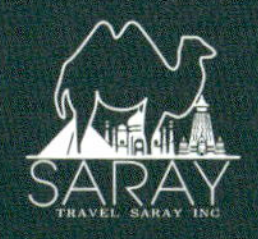

Bandaranaike International Airport & Negombo

Bandaranaike International Airport & Negombo

バンダラナーヤカ国際空港とニゴンボ

バンダラナーヤカ国際空港。飛行機を降りたとたん、ムンとした空気。海沿いなので蒸し暑く気温も高い。まるで日本の真夏のよう。日本円からスリランカ・ルピーへの両替は到着した空港で。そしてスリランカ・ルピーは滞在中に使い切ろう。クレジットカードが使えるところも多い。成田発の直行便は夕方に到着する。空港からは各地にローカルバスがあるが、バス乗り場は分かりづらく、初めての旅行にはハードルが高い。若干高めだが空港タクシーが安心。ホテルによっては送迎の車を手配してくれるところも。また配車アプリのUberもおすすめ。ドライバーは英語が話せる人も多いので日本でダウンロードを済ませておこう。空港でWi-Fiを借りるかSIMカードを買おう。ホテルはWi-Fiを使えるところも多いが、つながりにくいことも。空港からコロンボまでは車で約45分だが、到着日の宿泊は空港から20分ほどのニゴンボがおすすめ。

Map

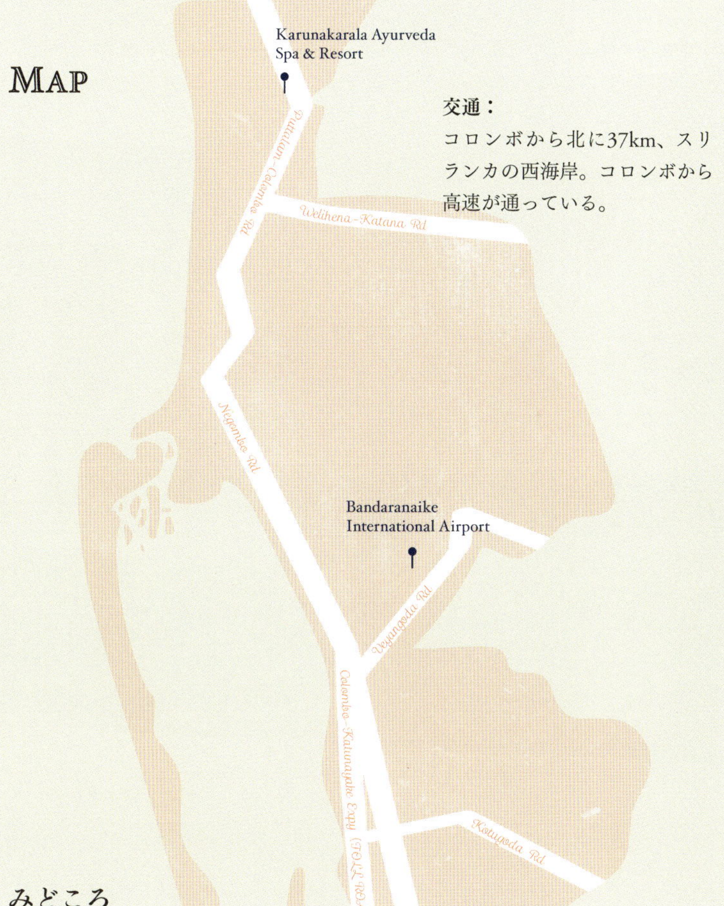

交通：

コロンボから北に37km、スリランカの西海岸。コロンボから高速が通っている。

みどころ

ニゴンボはスリランカで５番目に大きい海沿いの都市。リトル・ローマという愛称で呼ばれているのは、ポルトガル統治時代に教会をはじめとする美しい建造物が建てられたからだそう。キリスト教徒が多く住み、漁業が盛ん。数え切れないほどのホテルが点在し、街を歩けば「三輪車に乗らない？」「宝石買わない？」「ここで食べていきなよ」と声がかかる。通りは人が波のようにあふれんばかりに歩いていて、夜になっても眠らない街。マーケットに立ち寄るのも楽しく、散歩しながら、レストランや雑貨店、お土産物屋をのぞいてみても。インド洋から吹くあたたかい風を感じながら、帆船が行き交うのを眺めてビーチをゆっくり散歩するのもおすすめ。

空港やニゴンボ付近には茶の生産地はない。スリランカの窓口として有名なニゴンボは、紅茶の勉強のため1年間産地に滞在していた時には縁のない街だろうな、と思っていたが、意外に早くもニゴンボを再訪することになった。車を購入するためだ。スリランカに来て、すぐに紅茶の産地、高地にあるヌワラエリヤへ向かった。下宿先も決まり、茶畑にローカルバスで出かける。毎日、テイスティングと茶摘みをして帰宅する。それを繰り返していくと、もっと違う茶園、遠くの茶園にも行ってみたくなる。しかし、そもそも茶園があるような場所は、アクセスがあまり良くない。どうにかこうにかローカルバスを乗り継いで

行けたとしても、バスの本数も少なく、その日のうちに帰れないこともあった。せっかく日本から紅茶を極めるためにスリランカに来たのに不便な交通の問題は時間も気力もロスすることになり大きな痛手となった。そこで思い切って車を購入することにした。スリランカでの驚くような運転マナーは徐々に慣れるとして、自分でマイカーを運転していけば良いではないか。家の前に駐車している車に「FOR SALE」と貼っているものもあるし、友人に「車を買いたいんだけれど」と伝えておくと、売りたい人を紹介してくれることもある。個人売買だ。

「友人が車を売りたいそうだけど、見に行く？」と言われて向かったのがニゴンボだった。それも1970年代の日産サニー。あまりにもオールド過ぎて、本当に動くのか心配になるほどだった。まずは運転してみて、気に入ったら直接買う。私は日本で免許を取ったが一度も車を買ったことがない。ペーパードライバーを経て、初めて運転するのがスリランカでこの手強そうなアンティークのマニュアル車。とりあえず、まっすぐで、交通量の少ない道路に連れて行ってもらい、久しぶりの運転席に。その車には、スリランカ人の友人含め男性が４人も乗っておりぎゅうぎゅう詰め。「えーっと、まずは何だっけ？」という言葉に４人は唖然として「免許はあるのか？」と。「10年ぶりだ」と伝えると降りたそうな気配を感じる。それを無視して、エンジンをかけた。出発するも見事にエンストを繰り返す。４人が天井に頭をぶつけた。車内に変な空気が流れている。エンストは、私の運転の問題みたい。ともかく車が必要なので、買うことにした。いきなりここから７時間かけて、ヌワラエリヤまで一人で戻れるか、笑ってしまうほど難しい課題なのだが。

「とにかく、アルファベットのＬを赤い文字で書いて、車の前と後ろに貼る。それだけやれば、なんとかなるよ」と４人に勧められ、意味も分からず言われたとおりにした。車の運転にも徐々に慣れていったが、赤い「L」の文字が「Learning（教習中）」であることを知ったのはそれから半年後だった。

Kiri Tee

キリテー

体験　飲む

キリテーとはスリランカのミルクティーのこと。「キリ」とはシンハラ語で牛乳、「テー」は紅茶を意味する。スリランカでは毎日飲まれていて「キリテー」とも「キリテ」とも言う。ダストと呼ばれる最小サイズ（グレード）の紅茶を使う。茶葉が細かいので抽出時間も短いし、何よりカップより放たれる香りが素晴らしい。キリテーを注文したら、厨房をのぞきに行こう。「キリテーを作るところを見せて欲しい」と声をかければ見せてくれるに違いない。また自分でキリテーを作ってみたいとお願いしてみたら作り方も教えてくれるかもしれない。体験こそ旅の醍醐味。日本とは全く違う紅茶のいれ方できっと驚くに違いない。

How To Make
A Cup Of Kiri Tee

キリテーの作り方

〈材料〉

・紅茶（ダスト）
・ミルクパウダー
・熱湯
・砂糖

……全てお好みで

〈道具〉

・キリテージャグ 2個
・布製の茶漉し
・スプーン

〈作り方〉

① キリテージャグ1にミルクパウダーと砂糖を入れ軽く混ぜる。
② キリテージャグ2に茶葉を入れた茶こしをセットし、熱湯を注いで抽出する。しっかりと味と香りが出たら茶こしを引き上げる。
③ ②を①に少し注ぎ、スプーンでミルクパウダーと砂糖を丁寧に溶かす。全て溶けたら残りを注ぎ大きく混ぜる。
④ キリテージャグ1から2へ、2から1へと勢いよく行き来するように何度か注ぐ。

＊キリテージャグを交互に行き来させる時にだんだん高さを上げていくのがコツ。

できあがりのキリテーの表面にはふわふわの泡。口当たりの柔らかな泡とボディーがしっかりとしたミルクティーになる。甘みが強いが、この甘さがたまらなく美味！ パンチのある濃厚なミルクティーの奥行きを出し、立体的に感じさせてくれる。紅茶とミルクパウダーのパッケージを確認してさっそく購入。キリテージャグも必需品。旅の途中、ちょっぴり気にして周りを観察してみて。街中あちらこちらでキリテーが飲まれているはずだ。

CUTLET
カトゥレッツ

食べる　買う

スリランカ版のコロッケ。刻んだタマネギ・ニンニク・カレーリーフにターメリックやチリピースを入れて炒め、そこにゆでて身をほぐした魚を入れる。胡椒、カルダモン、シナモンを少しずついれ、あらかじめゆでて潰しておいたジャガイモを加えて炒める。粗熱をとり、ゴルフボールくらいの大きさに手で丸める。小麦粉を水でゆるく溶いたものか溶き卵をつけ、細かいパン粉をつけて油で揚げる。スリランカでは3食カレーを食べ、辛みは唐辛子を使ったものが多いがカトゥレッツは胡椒の辛さをきかせたもの。辛いものが苦手な私でも食べられる。スパイスのきき具合が絶妙。甘いミルクティーと、スパイシーなコロッケの対比がスリランカらしい。

Rolls / Roti

ロールス／ロティ

「ロールス」は揚げもので、「ロティ」はフライパンで焼いたもの。いずれも炒めた具材がクレープのような薄い生地にくるまれている。春巻のように巻いたもの、三角にしたものがあり、中身は魚がメインの「マール」、野菜がメインの「エラワル」、卵がメインの「ピッタラ」などいろいろ。魚のロールスは「マールロールス」魚のロティは「マールロティ」ということ。店頭や厨房で、焼いたり、揚げたりして売っている。クレープのような生地は、パンを発酵させるときのような小さい丸い生地がずらりとバットに入っていて、それをピザみたいに職人技で薄くのばしている。スリランカの人たちと同じように紅茶と合わせて楽しみたい。

Jaggery / Snack

ジャガリ／スナック菓子

食べる　買う

ジャガリ（シンハラ語ではハクル）は、孔雀椰子の蜜を煮詰めた固形の砂糖。黒糖のような深い甘みがあり栄養価は抜群、紅茶を飲みながらジャガリを頬張るのがスリランカ流。近年GI値の低い砂糖として、また美容や健康にも良いということで人気が高まっていて、取れる量よりも多くのジャガリが流通しているとか。中には砂糖を混ぜたものもあるそうなので、良質なものを手に入れるのは難しいかも？　辛みのきいたジンジャービスケット、ジンジャーロール、柿ピーのようなスナック菓子、歯が折れそうなほど固いごまのお菓子（タラボール）、黒砂糖とキャラメルの中間のようなキリトフィーなど、お土産にも喜ばれそうなローカルのスイーツがたくさん。

ジャガリ

KARUNAKARALA AYURVEDA SPA & RESORT

カルナカララ アーユルヴェーダ スパ&リゾート

ニゴンボの海岸には星をちりばめたようにホテルが点在。五つ星クラスのホテルから、バックパッカーが多いホテルまで、旅に合わせてチョイスしよう。その中でも、カルナカララ アーユルヴェーダ スパ&リゾートは、ラグジュアリーなプライベートコテージのヒーリングリゾートホテル。最低6泊以上という施設も数多くあるが、ここは1泊や立ち寄りでもOK。アーユルヴェーダの世界を堪能できる本格スパが利用できる。日本語ができるスタッフも常駐しているので安心だ。また、帰国後は東京・代官山の日本店で現地ドクターと連携をとってアフターフォローもしてくれる。

体験　泊まる

Address:
Jesu Nasarenu Mawatha Thoppu Thota,
Waikkal, Sri Lanka

Phone:
+94 31 227 2750
+94 31 227 2755

URL:
karunakarala.com

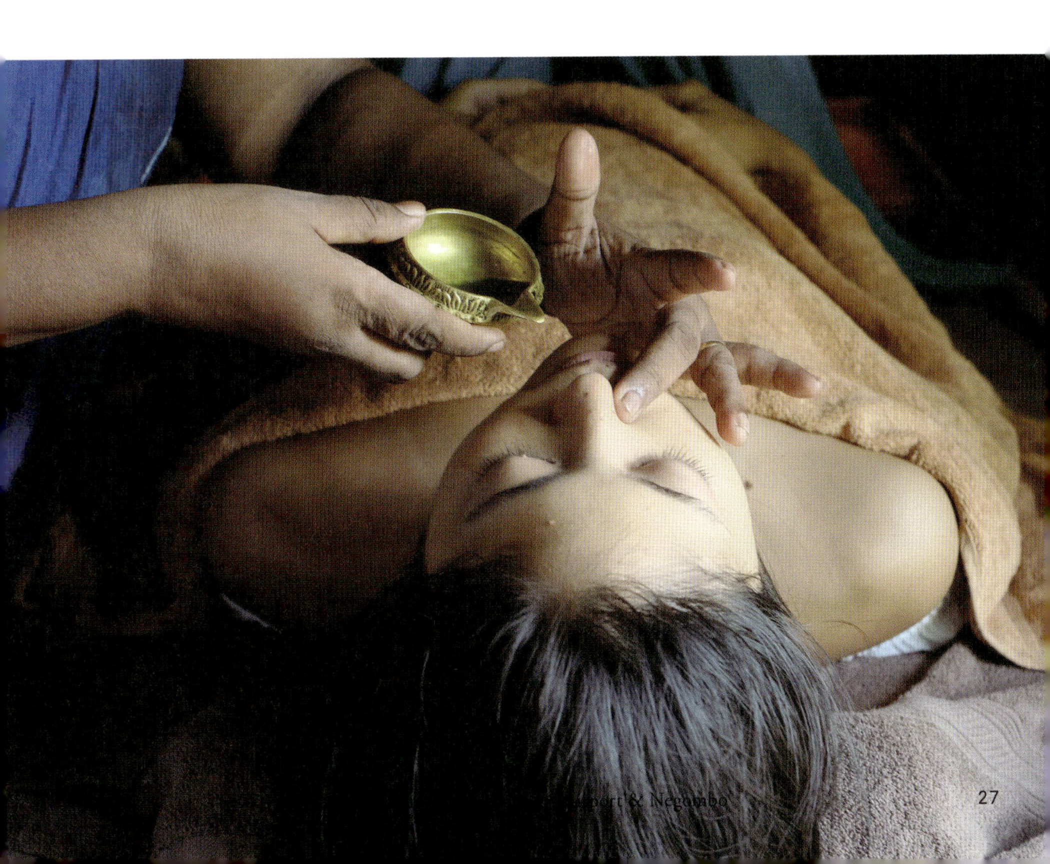

photo by スリランカ観光局

Kandy

キャンディー

キャンディーは24度前後の気温とカラッとした空気で、一年を通じて半袖一枚で快適に過ごせる。仏教の聖地で、シンハラ人の最後の王朝があった都。中央にキャンディー湖があり、それを取り囲むようにすり鉢状に街が広がる。湖畔には仏教徒が一生に一度は参拝に訪れたいと願う仏陀の歯が祀られている仏歯寺がある。7月～8月の満月をピークとする「ペラヘラ祭」では、仏歯が象に乗せられ、ダンサーなどと共にきらびやかに街中を練り歩く。ペラヘラ祭ツアーもある。キャンディー王宮建造物群を含むキャンディーの文化財は、1988年に「聖地キャンディー」として世界遺産に登録された。仏歯寺の厳かな雰囲気と、スリランカ第2の都市である街の活気の両方が楽しめる。コロンボから車で約4時間。鉄道もあるが、インターシティーという高速バスが便利。エアコンのあるマイクロバスは必ず座れて目的地までノンストップで走る。寒すぎるほどのエアコンと、大音量のスリランカ音楽、そしてスリリングな運転サービス付き。予約不要。満席になったら出発する。大きなスーツケースがある場合は2席分支払うことも。

紅茶の特徴

スリランカ7大紅茶のひとつであるキャンディーとは、この街を中心に広がるエリア一帯でとれる紅茶のこと。水色が美しく、癖が少なくて飲みやすい。タンニンがすくないため、紅茶が冷めた時に濁って見えるクリームダウンがおこりにくくアイスティーにも向いている。近年は、茶葉自体に甘みのある紅茶や、中東向けにコクのある紅茶も作り出している。

Map

気候：
標高500mの高地にあり涼しい。
5月～7月、12月～1月はモンスーンのため天気は安定しない。

交通：
コロンボから車で約4時間

みどころ

スリランカ第2の都市で多くの大企業が支社を置く。そして、紅茶の歴史が始まった場所。紅茶博物館もあり、その歴史を辿ることができる。マータレーには洋食器メーカーのノリタケのアウトレットや、スパイスについてじっくり学べるスパイスガーデンもある。世界遺産の仏歯寺は、プージャとよばれるお祈りの時間が一日3回あり、その時間に訪問しても。靴と帽子は脱ぐこと。露出の多い服装では入れない。また仏像を背にして写真を撮ると不敬罪となるので注意が必要。街の中心にはキャンディー・シティー・センターがあり、サリーショップや、スーパー、フードコート、フルーツジュースバーなどが楽しめる。

キャンディーで暮らした2ヶ月間、スリランカ政府の紅茶研究所「TRI（ティー リサーチ インスティテュート）」を定年退職したカンダッパ氏とその奥様が住む家に下宿した。彼は、ティーブローカーの会社でコンサルタントとして働いていて、依頼を受けたスリランカ中の製茶工場を訪問するため飛び回っていた。彼の仕事に同行したことがある。彼が製茶工場に着いた途端、スタッフに緊張感が走る。工場の中を見渡し、歩き回り、改善点をボソボソとつぶやく。「このファンに紅茶の繊維が付着しているからきれいにして」「このベルトコンベアの高

さを１㎜下げて」とか……。「イエス、サー！」とすぐに改善していく。そうすると、後日、紅茶オークションでの落札価格が目に見えて上がっていくのだそうだ。だから、彼は引っ張りだこ。

そんな彼が住む家での下宿生活は、最初は歓迎されなかった。「だって僕たちはベジタリアンなんだ。君は違うだろ？　君の分の食事は作れないよ」と。スリランカはベジタリアンがとても多い。外食もベジタリアン用のメニューがある。ご夫妻に同行して結婚式に出席したときも、ベジタリアン用の料理が用意されていた。ベジタリアンは彼らだけではないからだ。「何でも食べます。いつも通りの食事でお願いします」と頭を下げると、「違うものが食べたくなったら、君は外で食べてくれ」と渋々承知してくれた。ベジタリアンのイメージといえば、生の野菜のサラダ。こりゃ、痩せるだろうな、と思うのも束の間、奥様の手作りのカレーは今までに見たことがないほどバラエティーに富み、そしておいしい。スリランカも、生活の変化に伴い、便利で簡単にできる市販のミックスカレー粉がたくさん販売されているが、それらを一切使わず、すべての料理を一から丁寧に作る。「いちばん安心でしょ？」と。だから一日中キッチンに立っている。10分で食べ終わるカレーを、何時間もかけて作る。朝食が終わったら、すぐにランチと夕食の準備を始めている。デザートまですべて手作り。

今思うとなんとも贅沢な食生活であった。彼らはスリランカでは少数のタミール人。シンハラ人のカレーと、タミール人のカレーはそもそも違っていた。セモリナ粉で作る「ウプマ」は卯の花に似ていて遠い日本を想い出した。「イドゥリ」まで食卓に出てきたときは、声を上げた。これは、茶園で働くタミール人の茶摘み婦人たちが、午前のティータイムに食べていたものだ。カレーにつけて食べていた蒸しパンのようなもの。発酵させていて、ほんの少しの酸味があり、それがまた癖になる。シンプルでふかふか。南インドでも食べられているイドゥリは、タミール人のルーツを感じさせる。街にタミール食堂があればぜひ入ってみよう。シンハラ人のカレーとはまた違うレシピが並んでいる。

Kitul Forest

キトゥル フォレスト

キトゥルハニー専門店。キトゥルハニーは孔雀椰子の蜜を煮詰めたもので、ジャガリは固形、キトゥルハニーは液状。スリランカでは、カードという水牛のヨーグルトを食べるが、必ずキトゥルハニーも用意されている。ホットケーキシロップのようだがとてもコクがあり、クリームチーズやフレッシュジュースの甘味料にしても美味。紅茶に入れるならルフナがおすすめ。深みが増しまろやかになる。スリランカの人たちはこのように飲むことはないが、あるものはすべて紅茶と合わせて……と、試すのは何よりも楽しい！　その他、ココナッツトフィー、タマリンドジュース、ライムジュースも楽しめる。空港にも店舗がある。

Address:
No206 Kandy Road Kadawatha,
Sri Lanka

Phone:
+94 11 292 6107

URL:
ceylonki.com

PINEAPPLE
パイナップル

食べる　買う

コロンボからキャンディーに向かう道中にパイナップルの産地があり、パイナップル店が軒を連ねる。ひとつ選び、その場で食べやすくカットしてもらおう。スリランカのパイナップルは芯まで柔らかく、まずはそのまま甘みとジューシーさを堪能してほしい。すいかに塩をかけるように、スリランカではパイナップルに塩と唐辛子のミックスパウダーをかけて食べる。ちょっぴりスパイシーなスリランカ流パイナップルにもチャレンジ。食べる分だけかけてもらおう。まるごと1個をカットしてくれるので、食べきれないほどの量になるが、ビニール袋に入れてくれるのでそのまま旅のお供に。ランチの紅茶に入れてパイナップルティーにするのもおすすめ。

Kandy

CASHEW NUT

カシューナッツ

食べる　買う

カジュガマ (Kajugama) はカシューナッツの産地。屋台が並び、ナッツレディーがいる。スリランカのカシューナッツは大粒で甘みがあり、世界各国に高級品として輸出されている。そのまま食べたり、カレーに使ったり。ローストしたナッツはもちろん、ナッツの産地では新鮮な生のカシューナッツも食べられる。最近では、塩味だけではなくガーリック味、チーズ＆オニオン味、バーベキュー味、トマト味、サワークリーム味など、様々なタイプのローストカシューナッツの量り売りも始まった。少しずつ購入し、食べ比べてみるのも楽しい。またカシューナッツを使ったナッツミルクティーを作るのもおすすめ。

Kandy

FRUITS
フルーツ

食べる　買う

スリランカはフルーツの宝庫。バナナだけでも12種類、マンゴー、パパイヤ、マンゴスチン、ランブータン、ドリアンなど、香りもよく味も濃厚でこの上なくジューシー。その中でも是非試してほしいのがジャックフルーツ。ラグビーボールのような皮をカットすると実が連なって入っている。成長時期によって食べ方も呼び方も異なる。小さいものは「ポロス」と呼ばれ柔らかいタケノコのよう。その次が「コス」。実を取り巻いている部分を使う。種は「コスアタ」といいほくほくとした芋のような食感。いずれもカレーに使う。熟した実は「ワラカ」と呼ばれ生で食べられる。バナナのような甘い香り、マンゴーとライチを足したような味でとびきり美味しい。

NORITAKE FACTORY OUTLET

ノリタケ ファクトリー アウトレット

キャンディーから車で北へ約1時間。マータレーには日本が誇る洋食器メーカー「Noritake」の工場がある。手先が器用で真面目なスリランカ人は、細かい絵付けの作業などにとても向いているそうだ。工場横には倉庫があり、ノリタケのアウトレット品が所狭しと並んでいる。入り口は新製品のショールームになっていてそちらも購入できるが、その奥の広大なエリアにアウトレット商品がずらりと並ぶ。カップとソーサーがセットではないものもあるが、それを合わせるのも楽しみの一つ。なんと言っても驚きの価格なのだから！ここで購入すると、飛行機に乗るときに預けても割れないようしっかりとパッキングしてくれるから安心だ。ただ時間がかかるので余裕のあるときに。

買う

Address:
Warakamura, Matale,
Sri Lanka

Phone:
+94 66 224 4432

URL:
www.noritake.lk/visit_us.php

JAMES TAYLOR S SEAT
ジェームス・テーラーズ・シート

スリランカの紅茶栽培はキャンディーから始まった。1852年、16歳でセイロン島に渡ったスコットランド人のジェームス・テーラーは、茶の木をスリランカの地に根付かせたことから“紅茶の父”と言われている。キャンディーから南東へ30キロ、車で2時間半、険しい山岳地帯にあるルーラコンデラ茶園では、彼が住んでいたバンガローの跡地、井戸の跡、テーラーの銅像などを見学できる。テーラーズ・シートに座ってみてほしい。大きな石を二つ組み合わせた簡易なつくりだが、雲の上から地上を見ているかのような光景が広がる。故郷スコットランドから遠く離れ、セイロンの人里離れた山岳地帯で彼は何を考え、感じたのだろう。そっと寄り添い、想いを馳せる。

体験

入場料 500 Rs

Address :
Loolecondera Estate, Loolecondera Division, Deltota, Sri Lanka

Phone :
+94 81 563 1550

MAHAIYAWA GENARAL CEMETERY

マハイヤワ共同墓地

「一芯二葉」。茶の葉は、柔らかくクルンと丸まった芯芽の部分と、その下の二枚の葉っぱを摘むのがよい、とされているが、実はこれもテーラーが研究したもの。摘みどころが悪いと、次に出てくる新芽がうまく成長しないことも多々あるからだ。紅茶に関する栽培、摘みどころ、製茶方法まで研究し、それを広めた彼の功績は本当にはかりしれない。コーヒーで多大な負債をかかえていたプランターたちの大きな希望となったに違いない。晩年、赤痢にかかりその生涯を閉じたテーラーは、代わる代わる24人の手によってキャンディー郊外のマハイヤワ共同墓地まで運ばれたそうだ。彼の墓石にはこう書かれている。「この島における紅茶とキナノキのパイオニア」。

体験

Address:
Mahaiyawa Cemetery, Kandy, Sri Lanka

Phone:
+94 81 222 3996

CEYLON TEA MUSEUM

セイロン紅茶博物館

キャンディーから三輪車で15分、山の中腹、ハンターナにある茶畑の中に建つセイロン紅茶博物館。かつての製茶工場を改装して作られていて、100年以上前の、まだ電気を使っていなかった時代の紅茶の製造方法や歴史を知ることができる。テイスティング体験ができ、小さな製茶工場の見学や、スリランカの紅茶メーカーの茶葉、茶器を買うことができる。最上階にはカフェもあり、ここでも試飲ができる。ジェームス・テーラーの遺品もあるので歴史好きな方にはおすすめ。月曜日とポーヤデイ（満月の日）が休館。

体験　飲む　食べる　買う

入場料 800 Rs

Address:
Hantana, Kandy, Sri Lanka

Phone:
+94 81 494 6737

URL:
www.ceylonteamuseum.com

Ranweli Spice Garden

ランウェリ スパイス ガーデン

キャンディーの街から車で北へ１時間、マータレーにはランウェリ スパイス ガーデンなど、数多くのスパイスガーデンがある。スリランカのキッチンにはスパイスボックスがずらりと並んでいる。チキン、魚、豆、野菜のカレーはそれぞれスパイスの調合が異なり、配合は家庭によって違う。素材に合ったスパイスを鍋に入れ、パパッと作るのがスリランカ・カレー。スパイスガーデンは植物園のようになっていて、シナモン、カルダモン、カカオ、ペッパー、ナツメグなどが植えられている。見て、触って、かいで、味わうことができる。アーユルヴェーダではスパイスをどのように使うのか、効能も教えてくれる。スパイス見本セットもあるので、紅茶の先生には教材としてもおすすめ。

Address:
No. 99 Kaudupellella,
Matale 21000, Sri Lanka

Phone:
+94 66 224 7339

URL:
www.facebook.com/Ranwelispice

MADULKELLE TEA & ECO LODGE

マドゥルケリー ティー & エコ ロッジ

茶畑のど真ん中に泊まろう。キャンディーから車で2時間の山の奥深く、広大な茶畑を見下ろす丘陵地帯に、独立したロッジ。入り口を開けると、コンクリートのしっかりとした床に清潔感あふれるベッド。奥にはシャワーやトイレがある。まるで茶畑の中で贅沢なグランピングを楽しんでいるよう。茶葉や水、電気ケトルも用意されている。太陽光発電で沸かした熱々のシャワーを浴びて、ふかふかのベッドで寝よう。朝はお皿いっぱいのフルーツから。目の前でシェフが次々と朝食を作ってくれるのが楽しい。

体験 飲む 食べる 泊まる

Address:
Madulkelle, Kandy, Sri Lanka

Phone:
+94 081 380 1052

URL:
www.madulkelle.com

Nuwara Eliya & Uda Pussellawa

NUWARA ELIYA & UDA PUSSELLAWA

ヌワラエリヤとウダプッセラワ

ヌワラエリヤは、高原地帯の中央に位置するとても美しい街。スリランカの最高峰・ピドゥルタラーガラ山の麓、標高1868mの高地に位置する。シンハラ語で「ヌワラエリヤ」は「光が差す街」を意味し、イギリス植民地時代は避暑地として栄えた。今でもイギリス風の建物が点在し、リトル・イングランドと呼ばれている。コロニアルホテルや競馬場、クリケット場、ゴルフ場がある。平均気温は16度で、日中は薄手の長袖一枚で快適。夜は一気に冷え込み10度を下回ることも珍しくない。雨の日はさらに冷え込み、時には霜が降りることも。現地の人もサリーの上にカーディガンやフリースを着て、頭には毛糸のマフラーを巻いている。眠るときは、靴下を２枚はいて毛布にくるまるくらい。防寒着を忘れずに持って行かなくちゃ。キャンディーからヌワラエリヤまでは、車で約３時間。インターシティーバスの本数も多い。くねくね山道を登るので、心配なら酔い止めの薬を飲んでおこう。

紅茶の特徴

スリランカで最も標高が高い場所でとれるハイグロウンティー。インドのダージリン紅茶にも似ていて、「スリランカ紅茶のシャンパン」とも呼ばれている。水色はオレンジからゴールド、イエローがかっている。グリニッシュと言われる若々しい味で、どこか日本茶を彷彿とさせる。パンジェンシーと言われる心地よい渋みがあり、清涼感のあるすっきりとした飲み口。ストレートティーとして、また水出しアイスティーとしてもおすすめ。

Map

気候：
温帯。高地にあり年間の平均気温は16度。

交通：
コロンボから車で６時間、エアタクシー（チャーター）で25分。キャンディーからは車で３時間。

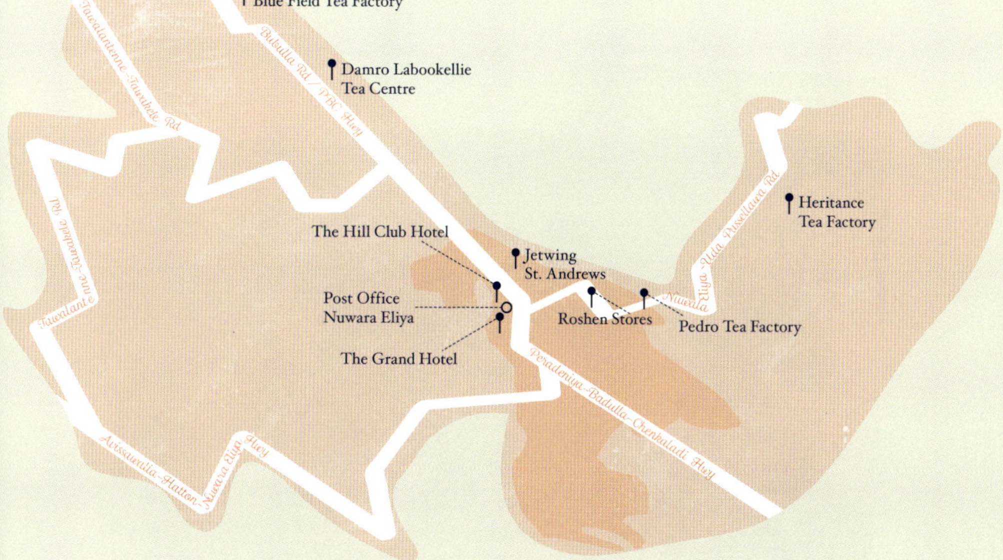

みどころ

キャンディーからヌワラエリヤへ、紅茶の世界への入り口にロスチャイルド茶園。空気がとっても心地よく、滝があちらこちらに。美しい大自然と茶畑のコントラストに見とれていると、外の空気が一気にひんやりし始める。ヌワラエリヤが近づいてくる。一年を通して冷涼な気候なため、スリランカ国内はもちろん、海外からも避暑地として人気がある。4月は観光シーズンで街は満開の花でお出迎え。子供たちのパレードが華やかに練り歩く。カーレースが開催され、競馬場もオープンするし、フェスティバルは夜まで続く。2019年５月に国内２店舗目となる紅茶局のショップがオープン。

ヌワラエリヤでは、ペドロ茶園の茶畑が広がるハワエリヤ に3ヶ月住んだ。赤い屋根の平屋で、庭ではジャガイモや人参、キャベツなどの野菜を育てていた。おばあちゃんを中心に、その子供夫婦らの7人家族。花が咲き乱れる下宿先では、毎朝ベッドティー（Bed Tea）を用意してくれた。イギリスでは、夫が寝起きの妻のために紅茶をいれてベッドへ運ぶ習慣があった。イギリスの植民地だったスリランカにもその風習が伝わったのか、今では妻が家族全員分の紅茶を用意し、朝はキリテーと一杯の水をトレーに載せて、「おはよう」とドアをノックする。人にいれてもらったミルクティーで目覚める朝は贅沢であり……。何とも気持ちの良い一日のスタートとなる。紅茶の国ならではの、紅茶のある暮らしを満喫した。仏陀に、朝はキリテーと水、夜はプレンティーと水をお供えしお祈りする。プレンティーとは、ミルクは入れずに砂糖のみが入った紅茶。11時のティータイム。午後4時にはご近所さんがキッチンの裏口から集まって紅茶とビスケットで気軽なティータイム。「あ、もうこんな時間。夕飯作らなくちゃ」と慌てて帰る毎日。マナーやルールは一切なし。紅茶のある暮らしが当たり前。「ま、紅茶でも飲みながら……。入って、入って」。と紅茶は脇役。最高の紅茶を楽しむためにと、こだわりぬいた道具や作法はスリランカでは全く無意味、これでいいのだ。いや……、これがいいのだ。紅茶に関する膨大な知識やマナーの枠からはみ出て、自由に、そして、おおらかに紅茶を楽しめるようになると、世界はもっとおいしく広がるかもしれない。

BLUE FIELD TEA FACTORY

ブルー フィールド茶園

ヌワラエリヤへ茶畑の中をひたすら走り続ける。道沿いには茶園併設のカフェとショップがある。おすすめはブルー フィールド茶園。ツーリストであれば製茶工場を見学でき、カフェでは出来たての紅茶の新茶が楽しめる。ペアリングには、ピザやサモサといったスナックから、チョコレートケーキ、バターケーキ、ココナッツケーキ、カップケーキやクッキーも。テラスでティータイムを楽しんでいると、野生のカメレオンが挨拶に来た。ショップも併設されており、お土産用の紅茶も購入できる。

体験 飲む 食べる 買う

Address :
Ramboda, Nuwara Eliya 22200, Sri Lanka

Phone :
+94 07 757 8583

URL :
bluefieldteagardens.com

DAMRO LABOOKELLIE TEA CENTRE
ラボケリー茶園

くねくねとした山道を登ると老舗のラボケリー茶園がある。スリランカが内戦中だったときも、ここととペドロ茶園の２ヶ所は、観光客がいつでも工場を見学でき、紅茶が楽しめた場所として歴史がある。山道を運転していたとき、「もうちょっとでラボケリー茶園だから、そこで休もう」と、数え切れないほど立ち寄ったとても貴重な場所。霧がかかりやすく、まるで天空の雲の中で茶摘みをしているような幻想的な風景が見どころ。お天気なら庭で茶畑を眺めながらゆったりと過ごしたい。お土産用の茶葉、ティーグッズなどもここで買えるので立ち寄りたい。

体験　飲む　食べる　買う

Address :
Queen Elizabeth Plaza,
Nuwara Eliya 22200, Sri Lanka

Phone :
+94 77 327 3747

PEDRO TEA FACTORY
ペドロ茶園

ヌワラエリヤの街を過ぎて車で５分。見渡す限り広大なペドロ茶園の茶畑となる。日本からスリランカへ紅茶修業に来たとき、最初の２ヶ月はこの茶園で過ごした。今でも訪れると、再会する友達がいっぱいで心躍る場所。2001年当時も海外から続々とツーリストが訪れており、特にイギリス、ドイツからの訪問が多かった。遠くに湖が見え、山肌をびっしりと覆う緑の絨毯のような茶畑。この絶景を一望できるポイントにカフェがある。毎朝工場でテイスティングをした後、ここに立つのが日課だった。茶摘みしているポイントを見つけ、合流するためだ。その当時、茶園のマネージャーに特別に許可をいただき、茶園内を自由に歩き、勉強させてもらっていたが、今では工場見学はもちろん、ツーリストも茶摘み体験ができるし、ここでこの茶園の紅茶が買える。

体験　飲む　買う

休日　正月（４月）、
独立記念日（２月４日）、
メーデー、祭りの日など

工場見学　250Rs
工場見学＋茶摘み　1,000Rs
工場見学＋茶摘み＋テイスティング
1,250Rs

ティーセンターでの
ティータイムの紅茶は無料

Address :
Nuwara Eliya Town, Sri Lanka

URL :
http://nuwaraeliyainfo.com/things-to-do/pedro-tea-estate

Roshen Stores

ロシェン ストアーズ

体験 買う

ミツの下宿先だった家族が経営する、食料品や日用品を扱う雑貨店。キリテー用の紅茶もミルクパウダーも、たっぷりサイズからお土産用のプチサイズまで取りそろえている。ジンジャークッキーや、スナック菓子、ハーバル歯磨き粉、アーユルヴェーダの老舗シッダレッパのミニサイズのヴァームまで。日本へのお土産は、こんなお店で探すのも楽しい。ヌワラエリヤの街からペドロ茶園に行く道沿いにあり、アクセスも良い。

Address :
No130, Kovil Road,
HawaEliya, NuwaraEliya, Sri Lanka

HERITANCE TEA FACTORY HOTEL

ヘリタンス ティー ファクトリー ホテル

紅茶好きなら是非とも泊まるべきホテル。ヌワラエリヤから車で15分、カンダポラという小さな町に到着し、さらに茶畑を走ること 4 ㎞。ポツンとそびえ立つのがヘリタンス ティー ファクトリー ホテル。製茶工場だった建物を改装したホテルで、ホテル内には、茶葉の秤、紅茶の歴史をたどるパネル、テイスティングカップ、部屋にはホテル周辺で育てたオーガニックのリーフティーが用意されている。バスタブつきなのも嬉しい。敷地内に小さな製茶工場があり、紅茶の作り方を見学できるし、サリーを着て茶摘み体験もできる。世界中の紅茶ファンを魅了する唯一無二のホテル。

Address :
Kandapola,
Nuwara Eliya,Sri Lanka

Phone :
+94 52 555 5000

URL :
heritancehotels.com

茶畑に囲まれた製茶工場を改装したホテルのテラスでハイティー。その素晴らしい立地を生かして、プレートには摘み立ての生の茶葉と可憐な花も載せられている。キュウリ・スモークサーモン・トマト・レタスのフィンガーサンドウィッチやフィッシュパティ、サモサ、タンドリーワデー（豆の粉から作る甘くないドーナツのようなもの）や、キャラメリゼしたココナッツフィリングが入ったパンケーキとスコーン。紅茶はOP、BOP、BOPFまたは緑茶から選べる。一食スキップするほどボリューミー。茶畑の中で、素晴らしい景色を見ながら、ゆっくりとホテルでティータイム。紅茶好きにはたまらない幸せにどっぷりと浸りたい。

URL：
heritancehotels.com/teafactory

JETWING ST.ANDREW S
ジェットウィング セント アンドリューズ

8人の庭師による美しい庭を見ながら楽しむハイティー。撮影スポットとしてもおすすめ。敷地内にあるオーガニック菜園のとれたての野菜を使う料理も魅力のひとつ。ヌワラエリヤの中心地だが、喧騒とは無縁の穏やかで静かな雰囲気。タンドリーチキンのハンバーガー、ベジタブルサンドウィッチ、アップカントリーの野菜入りチーズタルト、チョコレートエクレア、メレンゲ、バッテンバーグケーキなど。イングリッシュブレックファスト、ヌワラエリヤやグリーンティーから一つ選べる。日本人好みの甘すぎないテイストでおすすめ。スリランカの紅茶の産地飲み比べもできる。

体験 飲む 食べる 泊まる

Address:
No.10 St.Andrew's Drive,
NuwaraEliya, Sri Lanka

Phone:
+94 52 222 3031

URL:
jetwinghotels.com

THE GRAND HOTEL

ザ グランド ホテル

1階にあるティーラウンジはモダンで洗練された雰囲気。紅茶はスリランカのメーカー「ディルマ」。ハイティーは予約なしで楽しめるが、毎日150〜180名ほどが訪れる人気ぶり。満席で待つことも。おすすめはスパークリングワインも楽しめるセレブレーションティー。ハンバーガー、カトゥレッツ、サモサ、3種のベジタブルサンドウィッチ、チョコレートタルト、ストロベリースコーン、ココナッツパンケーキなど。ランチ代わりとしてもおすすめ。30種類以上の紅茶を、自由に好きなだけいただける。

体験 飲む 食べる 泊まる

Address:
Grand Hotel Road,
NuwaraEliya, Sri Lanka

Phone:
+94 52 222 2881

URL:
thegrandhotelnuwaraeliya.com

THE HILL CLUB
ザ ヒルクラブ

イギリス人農園主が避暑地として訪れていたヌワラエリヤ。そこに会員制クラブとして誕生したのがこのヒル クラブ。男性たちが狩の後にお酒を飲んだりして楽しんだ場所。ツアー客も200ルピーを支払うと、通常会員同様にホテルやレストランを利用できるようになった。伝統と格式ある重厚な趣の中でハイティーが楽しめる。チーズとハムのサンドウィッチ、エッグサンドウィッチ、ミニピザ、チキンパフ、フィッシュパティ、チキン春巻、ミニバーガー、レーズンスコーンとクロテッドクリーム＆ジャム、バッテンバーグケーキ、チョコレートエクレア、イングリッシュフルーツケーキ。紅茶はセイロン・ティー、フレーバードティー。コーヒーも選べる。

体験　飲む　食べる　泊まる

Address :
No.29 Grand Hotel Road,
NuwaraEliya, Sri Lanka

Phone :
+94 05 222 2413 2

URL :
hillclubsrilanka.lk

DIMBULA

DIMBULA

ディンブラ

スリランカの中央部、ヌワラエリヤの西側に隣接する広大なエリア。一年中半袖一枚で過ごせる穏やかで安定した気候。ハットンがいちばん大きな街だが、それ以外は100mほどで終わってしまうような小さな町が点在している。標高2238mのスリーパーダは、宗派を超えた信仰の山で、英語名はアダムス・ピーク。山頂に足跡があり、仏教徒は仏陀のもの、ヒンドゥー教徒はシバ神のもの、キリスト教とイスラム教はアダムのものと信じて頂に登り、祈りを捧げる。キトゥルガラではラフティングが楽しめる。スリランカ人がいちばん好きな紅茶はディンブラと言われている。日本、イギリス、ドイツでも人気のある紅茶。政府の紅茶研究所TRI（ティー リサーチ インスティテュート）もここディンブラにある。ホテルは少なめ。高原列車はキャンディーから茶畑の中を走りディンブラ地域を走り抜けヌワラエリヤの隣町ナヌオヤ駅に到着する。時間があれば、この区間だけでも列車に乗るのがおすすめ。車では見られない素晴らしい景色がある。

紅茶の特徴

紅茶の味というと「ディンブラ」が最もスタンダード。また、セイロンティーといえば、ディンブラをイメージする人が多いのでは？　水色は濃いオレンジ色。カップから立ち上る香りは、まるで製茶工場にいるような深さとかぐわしさ。ウッディーなコクがあり、ストレートティーとしてはもちろん、茶液を2倍の濃さにしてミルクティーにするとカフェオレのよう。アイスティーにしても香り豊かで飲み応えがある。癖がなく、常備しておきたい一番人気の紅茶。

Map

気候：
温帯〜熱帯。年間を通して23度〜30度。

交通：
コロンボから車で約４時間。

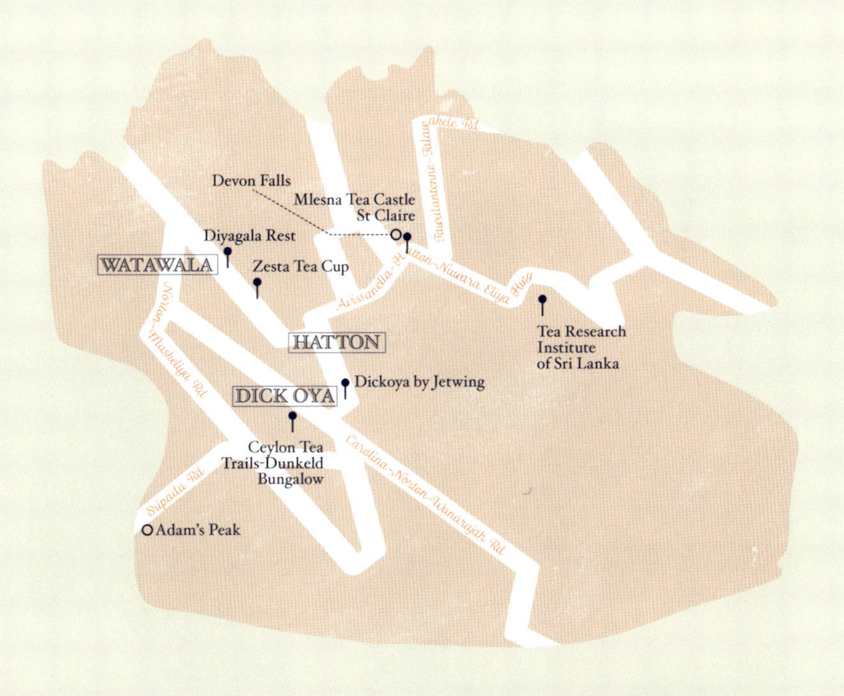

みどころ

標高1500〜1800mのミディアムグロウンからハイグロウンにかけて茶畑が広がる、スリランカを代表する名園が集中しているエリア。年間を通して安定した茶葉が作られているが、ツアー客を受け入れている茶園は少ない。カフェや、紅茶専門店があるので立ち寄りながら進もう。また、茶園のマネージャー宅であるバンガローを、ツアー客に開放しているところもある。少人数ならバンガローを選ぶのもおすすめ。

Kiddies Kingdom Nursery

ハットンの隣町、ディッコヤで保育園を運営しているカミラと一緒に2ヶ月過ごした。ディッコヤは茶畑に囲まれた小さな町。大家族で暮らすイスラム教徒の家だった。姉妹だけでも7人いて、私はそのなかでも一番年下だったので、8番目の娘として家族に迎えられた。イスラム教では、女性を本当に大切にする。日々の暮らしの買い物ですら、できるだけ男性が行くし、バスで5分の隣町に行くのでさえ、女性一人で行くなんてことは全く考えられないそうだ。嫁入り前の女性は3人で手をつないでバスに乗っていた。もちろん、その地域によって考え方は様々であると思うが、その家では女性一人での行動は厳しく制限され、それが当たり前だった。

そんななか、8番目の末娘の私は、自分でポンコツ車を運転して、ひとりで茶園に毎日出かけるのだから、心配で仕方がないらしい。いくら「大丈夫だから」といっても気持ちがおさまらないようで、ふと気づくと助手席に知らない男性が乗っていたりする。ボディーガードだと。驚き。日本とは全く違う生活だが、ここでの生活も忘れられない。カミラの保育園に通う子供たちは茶園の子供が多かった。彼女は宗教に関係なくどの子も受け入れていた。それだけではなく、登園した朝、全員で各宗教のお祈りをする。これから子供たちが大きくなると立場の違いが生まれる。経営者と労働者、生まれた家によって、どうしても超えられない格差もある。しかし、せめて子供のうちだけは、みんな平等に接したい。そして、これから子供たちが羽ばたいていく世界にはいろんな考え方があって、いろんな宗教があること、お互いの考え方を知ってそれを尊重する気持ちを、子供の時にこそ教えたいのだ、と言っていた。彼女は、登園するときの服装に困らないようにと全員分の制服を必死に用意していた。きっと周りからの反発もあるだろう。しかし彼女には信念がある。ぶれない姿を目の当たりにして、自分がとても小さく思えた。自由の国、日本から来た私には、いったい何ができるのだろうと。

Mlesna Tea Castle St Claire

ムレスナ ティー キャッスル セイント クレア

スリランカを代表する紅茶メーカー「ムレスナ」のショップ兼レストラン。ムレスナのショップは世界中にあるが、ここが世界一の品揃え。デボン滝の見える絶景ポイントに立地。その名の通りお城のような建物の前には、巨大なロシア式紅茶用湯沸かし器サモアール。中に入るとジェームス・テーラーの大きな胸像がお出迎え。お土産用の紅茶、オリジナルのティーポットやティーカップをはじめ、ティーコジー、ストレーナー、ティータオル、ティーバッグトレイ、ティースプーンなどグッズもずらりと勢揃い。レストランでは、紅茶はもちろんスリランカ・カレーなどの食事も楽しめる。地下にミニ紅茶博物館もあり、休憩スポットとしても是非立ち寄りたい場所。

体験　飲む　食べる　買う

平日 8:00-18:00
土曜日曜 8:00-18:30

Address:
Patana, Talawakelle, Sri Lanka

Phone:
+94 51 224 4028

Dimbula

Zesta Tea Cup

ゼスタ ティー カップ

ディンブラ地区に茶園を持つWatawala Plantations PLCが経営しているカジュアルなレストラン。大きな黄色のティーカップが目印。朝食、カレー、ベジタリアンの食事、ランプライス、スパイシースナック、チョコレートケーキやパウンドケーキなどのスイーツが楽しめる。シナモン製品も豊富にあり、小分けにパッキングされた紅茶も買える。紅茶はもちろん、緑茶やハーブティー、チャイやフレーバードティー、フレッシュジュースやミルクシェイクなどドリンクメニューも充実している。スリランカの人たちがドライブ休憩したり、地元の人が利用するカフェ。

飲む 食べる 買う

Address:
Avissawella-Hatton-Nuwara Eliya Highway,
Nuwara Eliya 22200, Sri Lanka

Phone:
+94 51 492 1416

CEYLON TEA TRAILS-DUNKELD BUNGALOW

セイロン ティー トレイルズ ダンクル バンガロー

ハットン郊外のキャッスルリ貯水池を取り囲むような広大な敷地に、５つの邸宅風バンガローがある。コロンボから池に着水する水陸両用飛行機に乗って到着する客も多い。イギリス植民地時代に作られたバンガローで、クラシカルな趣。オールインクルーシブなので滞在中の食事や飲み物代金などは必要ない。自宅にいるように過ごして欲しいということで各部屋のドアには鍵がないが、専属のバトラーがいて快適に過ごせる。食事はその都度シェフと相談し、旬の食材を好みの方法で調理してもらうという徹底ぶり。ハイティーや茶園の見学はもちろん、トレッキングやマウンテンバイクも楽しめる。大自然の中でインフィニティープールとホットジャグジーも楽しめる。

体験　食べる　買う

Address:
Dunkeld Estate, Hatton, Sri Lanka

Phone:
+94 11 774 5700

URL:
www.resplendentceylon.com/teatrails/

DICKOYA BY JETWING

ディッコヤ バイ ジェットウィング

ディッコヤの中心地から三輪車で５分ほど登った山の上にポツンとある邸宅のようなバンガロー。全部で５部屋あり、内装もそれぞれに落ち着いてリラックスできる。ベッドには天蓋とカーテンがあり、虫を気にせずぐっすりと眠れる。シャワーと大きなバスタブがあり、熱いお湯でゆっくりとお風呂に浸かることができる。実は、最初お湯が出なかったのだが、２階に常駐しているスタッフに伝えると、お湯が出るまで親切に対応してくれた。朝食はスリランカ式とイギリス式をセレクトできる。できたてのホッパー（クレープのような料理）がとてもおいしく思わずお代わりをリクエスト。もちろんカレーも。庭も空気もとても綺麗でゆっくりと過ごしたいホテル。

泊まる

Address:
Hatton-Norwood Road,
Dickoya Estate, Dickoya 22000, Sri Lanka

Phone:
+94 11 752 9529

URL:
www.jetwinghotels.com/dickoya/location/

DIYAGALA REST

ディヤガラ レスト

移動の途中に立ち寄ったカフェ。生姜入りのキリテー作りを見せてもらった。作る様子を写真と動画で撮っていると、「なぜ日本人はこれを見たがるの？」ときかれた。日本にはキリテージャグがないし、こうやって高いところから器用に紅茶を落としてミルクティーを作る習慣がないからよ、と伝えると納得したように笑った。作りたてのキリテーとスナックは、スリランカでオススメのペアリング。スナック菓子やジュースなども販売している。キリテーのお店を見かけたら、ぜひ立ち寄って味わってみてほしい。

体験　飲む　食べる　買う

Address :
Hatton Road, Diyagala,Watawala,
Sri Lanka

Phone :
+94 71 1113621

Uva

Uva

ウバ

スリランカ東部に位置するウバ州。標高1200m、気温20度前後。一年を通して半袖一枚で過ごせる心地の良い気候。人気の街は美しい山々と茶畑に囲まれたエッラ。「リトル・アダムス・ピーク」へのハイキング、エッラの街を一望できる「エッラ・ロック」、落差263mの「バンバラカンダ滝」がある。紅茶がメインのおしゃれなカフェがあり、夜にはバーもオープンしている。自然に囲まれてゆっくりできる宿泊施設がたくさんあるので、のんびり過ごすにはうってつけの場所。ナインアーチブリッジまで散歩してみても。コロンボからインターシティーバスもバンダラウェラまでなら本数が多い。

紅茶の特徴

世界三大紅茶のひとつ。乾季に入る７月〜９月がクオリティーシーズン。この時季に晴れの日が続くと、茶葉は「ウバ・フレーバー」といわれる爽やかなメントールの味と香りに変化していく。ストレートティーとして、またミルクを入れると、軽やかで爽やかなミルクティーになる。さっぱりとしたミルクティーがお好きな方におすすめ。またアイスティーにしても爽快な香りが残り、すっきりとした飲み心地に。

MAP

気候：
温帯〜熱帯

交通：
コロンボから車で６時間

みどころ

ウバ地区の名園、アイスレビー茶園やウバ・ハイランズ茶園は残念ながらツアー客の受け入れをしていないが、エッラまで足を延ばせば、ハルペワッタ茶園の見学ができる。またミツの店でも取り扱っている、アンバ茶園では、紅茶づくりや茶畑を案内してくれるアグリツアーが楽しめるし、バンガローに宿泊することも可能。カフェとショップも併設している。リプトン社のサー・トーマス・リプトンがかつて所有していた茶園にある展望スポット「リプトンズ・シート」からの眺望は絶景。

スリランカで紅茶は一年中とれるが、その中でも「クオリティーシーズン」といって特別おいしくなる時期がある。ウバは毎年7月〜9月がそのシーズンとなる。ウバ地区は乾季に入り雨が降らない日が続く。茶の木の成長は鈍り生産量は落ちるが、その反面香りと味はぐっと凝縮し、メントールのような爽やかさが出てくる。つまり、シーズンの特徴がぐんと出せるかどうかは、その年の天候に深く関わってくるのだ。期待通りに晴れが続き、ウバ紅茶の当たり年と言われたまさにそのとき、幸運にもバンダラウェラで2ヶ月間暮らした。高校の数学教師の父と、郵便局勤めの母、そして高校生を筆頭に3人の兄弟のいる元気な家庭だった。乾季に入ると雨が降らない。水力発電に頼っているスリランカで、それは停電の生活に突入することを意味する。共働きの両親が夕方仕事から帰ってきて、さぁ、夕飯のカレーを作ろうとキッチンに立つと、パタッと停電になる。それも毎日！　部屋のあちこちからため息が聞こえる。そしてマッチをする音。ろうそくに火をともし、ぼんやりとしたオレンジ色の明かりの中で、スパイスカレーを作っていく。トイレに行くにも、ろうそくを持ちながら……。パソコンも使えないし、アイロンもかけられない。一日8時間停電する日もあった。電気がない夜は何もできないので、家族で食卓に集まっての団らん。不便ではあるが、一日の出来事を家族で話すファミリーファーストの贅沢な時間は忘れられない。ふと外を見ると、町全体が白く、ヴェールがかかったように見えた。それは神々しいほどの月明かりだった。ネオンが瞬く日本から来て、初めて実感した月明かりだった。

AMBA ESTATE
アンバ茶園

体験 飲む 食べる 買う 泊まる

欧米人を中心に年間約7000人の観光客が来る小さなオーガニックの茶園がある。労働者不足が懸念されるスリランカでは異例の「働きたい人が250人待ち」という驚きの茶園だ。大きな製茶工場もなければ、見渡す限りの壮大な茶畑もない。シーズンのウバ独特のメントール系のアロマもない。長屋を改築した事務所には小さなショップがあり、その隣には製茶するための小さな機械がある。「ハイ！　はるばる日本からようこそ」と言って出てきたのはサイモン。スリランカ生まれ、インド育ちのイギリス人。アンバ茶園の経営者はアメリカ人、イタリア人、ウズベキスタン人と多国籍なメンバー。

休日　日曜、ポーヤデイ（満月の日）

11時からのティーツアーは無料
ティーテイスティング　500 Rs

Address:
Ambadandegama, Ella 90090, Sri Lanka

Phone:
+94 57 357 5489

URL:
ambaestate.com/index.php

オーガニック製法で、紅茶やスパイス、ハーブ、ジャム、コーヒーなどをハンドメイドで丁寧に作っている。紅茶は格段においしく、香り高い。それは、毎日のデータ収集を次の日の製茶に反映していく積み重ねがあるからだ。ハンドロールティーはもちろん、ドライにした茶の花をブレンドした「ティー ウィズ フラワー」の人気が高い。マンゴー&ジンジャージャムは絶品。スパイスの木もあり、7種のスパイスをブレンドしたチャイはほんの少量のチリが後味の余韻に絶妙にきいている。石臼を使って作る昔ながらの製法の紅茶もストーリー性がある。レモングラス、シナモンも質が高い。リップクリームなどもあるので、お土産におすすめ。

茶畑を案内し、テイスティングも楽しめるというアグリツアーは、日帰りだけではなく、ファームステイで宿泊することもできる。100年以上も前の建物をセンス良く改築し、野菜をふんだんに使った料理が楽しめる。おおらかで気さくなスタッフたちの会話も楽しい。彼らは、オーガニックの紅茶を作り、世界中に販売することが最終目的ではない。地域に根ざし、地元の人たちと共に、持続可能で長期雇用ができるようなソーシャルビジネスを目指している。知恵を絞り、スリランカで調達できるものだけでシンプルな機械を作り製茶している。そもそも茶園の規模が小さくハンドメイドなので、大量生産はできない。それでも、全世界から注文が殺到し、今や数ヶ月待ち……。新しい潮流を感じる茶園。

LIPTON'S SEAT

リプトンズ・シート

イエローラベルでおなじみのリプトン社のサー・トーマス・リプトンがかつて所有していた茶園にある、絶景スポット。ダンバテン茶園まで行き、そこからさらに7キロ。歩いて挑む観光客もいるが、三輪車が茶畑の中を疾走し連れて行ってくれる。山肌をジグザグに駆け上り、標高がぐんぐん上がると、風が直接肌に当たり体感温度が急に下がる。一枚上着を持って行こう。シートに着くと肌寒いくらい。ベンチに座ったリプトン像と一緒に記念撮影。展望台もあり、晴れた日は絶景スポットにもなるが、霧がかかればまるで雲の中のよう。時代こそ違うが、あのリプトンと同じ景色を見ている。頂上のカフェで紅茶やジャガリ、サモサやワデーなども楽しめる。

体験　飲む　食べる

入場料　100Rs

Address:
Dambethenna Estate, Lipton Seat Rd, Haputhale, Sri Lanka

Phone:
+94 57 567 0595

98 ACERS RESORT & SPA

ナインティーエイト エーカーズ リゾート & スパ

トレッキングなどで大人気の、美しい丘陵地帯が続くエッラに位置するブティックホテル。紅茶畑に囲まれた丘の上に建つコテージタイプで開放感がある。自然に溶け込むようなリサイクル素材を用いたユニークなコテージが立ち並び、全25部屋でホスピタリティーが素晴らしい。茶畑の中を自由に散歩したり、サイクリングしたり、まるで茶畑の中に住んでいるかのような感覚に。日の出とともに、カラフルに染まりゆく大空を見ながら、静寂の茶畑の中でシャッターを切りたくなる美しい景色。勢いよく出ている茶の木の芯芽を間近に見ながら、自由に散歩することもできる。スパやヨガなども楽しめるので、のんびりと過ごしたい方にはおすすめの場所。

買う

Address:
Greenland Estate, Ella - Passara Rd,
Ella, Sri Lanka

Phone:
+94 57 205 0050

URL:
www.resort98acres.com

OFRA0370 GLE

RUHUNA & SABARAGAMUWA

RUHUNA & SABARAGAMUWA

ルフナとサバラガムワ

スリランカ南西部に位置する標高600m以下の低地。日本の真夏を思わせるような蒸し暑さで、日傘や帽子、日焼け止め、水分補給が必須。南西部の海岸沿いには五つ星クラスのホテルが点在し、美しい砂浜とインド洋に沈みゆく夕陽を堪能できる。アーユルヴェーダを体験できるリゾートホテルも数多くあり、長期で滞在する人も多い。ジェフリー・バワ建築のホテルもこの南西部の海岸沿いに集中している。宝石の町・ラトゥナプラでは採掘現場を見学できる。ボートに乗り、マングローブの林を抜けてシナモンの生産農家を訪問するシナモンクルーズ。ヒッカドゥワには、世界中から良い波を求めてサーファーが集まる。岬の突端にあるゴール旧市街とその要塞は世界遺産に登録されている。この要塞内は半日もあれば一周することができ、ウィンドウショッピングを楽しみながらカフェでのんびりしても。ヨーロッパ人がオーナーの雑貨店やアンティークショップなど、チェーン店ではない個性的なショップが多く、ぜひ足を運びたいところ。

紅茶の特徴

ルフナという紅茶の産地を、南をルフナ、北をサバラガムワに分割した。セイロン・ティーの半分以上はこの２地域から産出され、オークションの平均価格もトップを走るセイロン・ティーをリードするエリアである。ルフナはほろ苦く香ばしい。渋みは少なく深みのある味わいで、コーヒー党からのリピーターが多い。ミルクを入れるとビターテイストなミルクティーとなる。サバラガムワは、蜂蜜に包まれたような甘みとコクが特徴的。渋みが少なくカラメルのようで人気が高い。

MAP

気候：
熱帯

交通：
コロンボからゴールまで119km、高速で２時間。鉄道やインターシティーバスもある。

みどころ

ゴールはヨーロッパ人が建設した城塞都市。世界遺産にも登録されている。ポルトガル、オランダ、イギリス植民地時代のアンティークショップもあり、ヨーロッパとアジアの文化が混在している。バワが設計したジェットウィング ライトハウス ホテルでは、茶葉を使ったディナーコースを広大なインド洋を見ながら楽しむことができる。ルフナのルンビニ茶園はツアー客を受け入れている。このエリアの製茶工場内は暑く、炎天下の茶摘みは熱中症にならないよう充分に注意する必要がある。

コロンボからゴールを抜けた先にある海沿いの街ウェリガマに2ヶ月住んだ。それも、教会の屋根裏部屋に。ちょうど同じ時期、スリランカでは総選挙が開催され、内戦中だったので少しでも安全な場所をと探した結果行き着いた。「困っている方がいれば、どなたでも助けたいわ」というシスターの一声で、荷物をまとめて引っ越したのだ。そこには、シスター2人と、お手伝いの女性3人が暮らしていて、私が加わって6名での生活がスタート。

私は毎朝、車を運転して茶畑へ。夕方は帰りに海へ直行し、ひとり気ままにボディーボードを楽しむ生活。何と言ってもサーファーの間では、スリランカは良い波が来ることで有名。国際大会も開催されるほど。特

に有名なのは、南西部のヒッカドゥワと、南部のミリッサ、南東部のアルガムベイ。ただ、波が高すぎて心が折れる。一方、ウェリガマは遠浅で日によっては初心者向きの低い波が来ることもある。ウェリガマの海沿いには、世界中のサーファーが長期滞在するゲストハウスが多数あった。夕方、波を見に行っては、穏やかな時だけ海に入る。漁船も多いが、ボードを持って海の中にいる私をみつけると、邪魔しないように大回りしてくれた。

ある日、ボディーボードを存分に楽しんだあと、砂浜に上がってきたら、少年がひとり駆け寄ってきて「ペンちょうだい」と言った。私は今の今まで、海の中にいたのである。ペンなんか、持っているはずがない。でも、少年はずぶ濡れの私に、そう言ったのである。しかし、この日が初めてではない。「ペンちょうだい」「キャンディーちょうだい」は、スリランカに来て何百回も言われた言葉。外国人を見ると、反射的にそう言ってしまうようだ……。子供だけではない。大人の茶摘み婦人たちでも、そう言うのだ。7割が仏教徒のスリランカでは、富めるものが貧しいものに分け与えることが、当たり前となっている。与える側からすると、それにより自分の徳を積むことができ、来世の幸せにつながると。与えることと、与えられることが、日常なのだ。ペンがほしければ頑張って仕事をして稼げばいいじゃないか。そうすれば、ペンは買えるよ。自由と平等の国からきた外国人には到底分からない、生まれながらにして持つ宿命、超えるには高すぎるハードル、カースト制度がある。

ある日、お手伝いさんが教会の広大な敷地の端っこにいたので、「どうしたの？」と声をかけた。彼女ははっと振り向き、小声で何かをしゃべった。高い塀の向こうで、誰かが走っていく音がした。「ミツ、このことはシスターには言わないでね。心配するから」何が何だかさっぱり分からなかったが、話を聞くと、どうやら恋人と塀を挟んで話をしていたらしい。彼とは身分が合わないから、結婚できないし、親もシスターも賛成していないと。顔は見えないけど、声が聞けるだけで嬉しい、と言ってはにかむ彼女を見て、胸が締めつけられた。

LUMBINI TEA FACTORY

ルンビニ茶園

体験 飲む 買う

日本ではカレルチャペック紅茶店で茶葉が購入可能なルンビニ茶園。名園が集まるルフナのデニヤヤに位置する。自社の茶畑の他、1400もの契約小規模農園があり、毎日8000kgもの生葉が工場に運び込まれる。世界中の紅茶コンテストで数多くの受賞歴があり、トップクラスの品質を誇る。ヨーロッパやアメリカ、日本からの観光客が多く、紅茶がどのように作られるかを丁寧に説明してくれるファクトリーツアーは無料で、1種類〜40種類の紅茶がテイスティングできる（1種類につき1ドル）。「MAKE YOUR OWN TEA」プログラムは予約が必要。茶畑に入り、茶摘みをし製茶を体験。テイスティングの方法を学び、自分で作った紅茶を持ち帰ることができる。

7:30-17:00
休日　正月（4月）、ポーヤデイ（満月の日）、日曜など

1日コース　150USD
茶摘み体験と、前日に摘まれた茶葉を製茶し500gを持ち帰る。

2日コース　250USD
自分で摘んだ茶葉を翌日製茶して500gの紅茶を持ち帰る。

Address:
Lumbini Tea Valley, Kolawenigama, Deniyaya, Sri Lanka

Phone:
+94 71 457 1199

URL:
lumbiniteavalley.com

CINNAMON EXPERIENCE

シナモン エクスペリエンス

世界一の品質と言われているスリランカ産のセイロンシナモン。大航海時代、このシナモンを手にするために、各国が先を争ってこの国を目指した。上質なシナモンは、スイーツを思わせるような甘みと香りが特徴。茶葉と一緒に蒸らしたシナモンティーはさわやかな味に。スリランカ南部の気候がこの甘みのあるセイロンシナモンを作るのに最適と言われ、数多くのシナモン畑が点在するが、中でもここシナモン エクスペリエンスがおすすめ。ゴールよりさらに南、コガラの郊外にある1.5エーカーの広大な敷地に3500本のシナモンの木があり、シナモンの香りの冷たいハンドタオルとアイスシナモンティーでお出迎え。ここでは4つのシナモンアクティビティーが楽しめる。

体験　飲む　食べる

Address:
Thiththagalla Road, Kurundu Villa, Ahangama 80650, Sri Lanka

Phone:
+94 76 801 5151

URL:
thecinnamonexperience.com

シナモンアクティビティー

シナモン・ウォーク

畑に入り、シナモン栽培、シナモンスティック作りの見学や、シナモン削りの体験ができる。
9:00-17:00
料金　30USD 約1時間
Address:
kurundu villa,
Thiththagalla Road, Kathaluwa,
Ahangama, Sri lanka

シナモン・サンセットティー

夕暮れ時に、大自然の中でシナモンティーやカクテルを。
16:00-18:00
料金　30USD 約1時間
Address:
kurundu villa,
Thiththagalla Road,
Kathaluwa,Ahangama,Srilanka

シナモン・ランチ

シナモンを使ったランチコース。
10:00-14:00
料金　60USD 約2時間半
Address:
South Lake Resort, Kathaluwa,
Ahangama, Sri Lanka

シナモン・クッキング・クラス

ローカルマーケットで旬の食材を手に入れ、シナモンを使った料理教室をシェフと体験。シナモンの使い方をマスター。
10:00-15:00
料金　30USD 約4時間
Address:
'Sleepy head',
Peelagoda,Unawatuna,
Sri Lanka

* シナモン・ランチとシナモン・クッキング・クラスは開催場所が異なります。
すべて要予約。宿泊も可能。

Jetwing Lighthouse Hotel

ジェットウィング ライトハウス ホテル

ゴールの北、海岸沿いにあるジェフリー・バワ建築のホテル。地形に沿って自然と融合するよう設計されている。いたるところにアートがあり美術館にいるような感覚。海と一体に見えるインフィニティープールもある。紅茶の茶葉を使ったコース料理がおすすめ。シナモンティーでスモークした鶏の胸肉のオレンジドレッシング添え。紅茶の茶葉とブラックペッパー、セサミをまぶしたマグロをわさびとアボカドクリームで。紅茶のフレッシュな葉と焼き長ネギのスープ。緑茶とライムのソルベ。ロウグロウンティーと南部のグリルドシーフードと紅茶ライスなどなど。すべてのメニューに茶葉を使ったティーフルコース。旬の食材を使ったシェフのアイデアを堪能しよう。

体験　飲む　食べる　泊まる

要予約
シナモンルーム　90USD
テラス（ビーチ沿い）　100USD

Address:
The Lighthouse Hotel PLC Dandella Galle, Sri Lanka

Phone:
+94 91 222 3744

URL:
www.jetwinghotels.com/jetwinglighthouse/

WITHERED LEAVES TEA & SPICES COMPANY

ウィザード リーブス ティー & スパイス カンパニー

ゴール旧市街のオールド ダッチ ホスピタルの中にある、2014年創業の新しい紅茶専門店。ニュージーランド人とスリランカ人がオーナー。100種類以上のシングルオリジンティーが買える、スリランカでは貴重な場所。壁一面にずらりと紅茶缶が並び、茶園名、グレードまで明記している。試してみたいと思った紅茶をいくつかテイスティングして購入することができる。ブレンドティーのコンセプトやパッケージにもオーナーのセンスが光る。13度の低温で管理しているスペシャルな紅茶の量り売りもある。店の外のスペースがちょっとしたカフェになっていて、そこで紅茶を飲むこともできる。コロンボにも2店目を出したそうで、注目の紅茶専門店。

ゴール本店 8:30-21:00
コロンボシティーセンター店 10:00-20:00

Address:
No.385, Pokuna Junction, Ganemulla,
Sri Lanka

Phone:
+94 77 225 0621

URL:
www.witheredleaves.com

THE BLUE WATER HOTEL

ザ ブルー ウォーター ホテル

ジェフリー・バワが手がけた最後のホテル。南西海岸沿いでコロンボから約1時間のワッドゥワにあり、コロンボから海沿いを南北に走るColombo-Galle Main Rdから小道を入り、線路を越えてすぐ。門を入ると、水に浮いたような回廊。中庭やビーチには、ココナッツの木が生い茂り、日陰を作る。クールでモダン。インド洋からの心地よい風が回廊を吹き渡る。壁のないロビーは開放感にあふれ、自然と一体化し、爪の先までリラックスできる。波の音を聞きながら、ゆったりとソファーに座るだけで、その空気感が忘れられなくなり、また行きたくなるのだ。ストレッチやヨガ、ウォーターバスケットボールなどのアクティビティーもあるので要チェック。

Address:
Thalpitiya, Wadduwa 12560,
Sri Lanka

Phone:
+94 38 223 5067

URL:
www.bluewatersrilanka.com

AMANGALLA

アマンガラ

ゴール旧市街、チャーチストリート沿いにあるアマンのリゾートホテル。宿泊しなくてもハイティーが楽しめる。コロニアルな雰囲気の中、3段スタンドで用意される。チキンのエンパナーダ、ポテトとグリーンピースのエンパナーダ、サンドイッチをはじめ、おおぶりのスコーンが絶品！　自家製ジャム＆クロテッドクリーム、パイナップルガトー、チョコレートエクレア、ココナッツケーキ、グルテンフリーのオレンジ＆オリーブオイルケーキなど。紅茶は、ヌワラエリヤのラバーズリープや、ルフナのルンビニ、そのほかホワイトティーや、ルイボスティー、イングリッシュブレックファストやアールグレイ、ウーロン茶、グリーンティー、ハーブティーなど約10種類から選べる。

体験　飲む　食べる　泊まる

Address :
No.10 Church St, Galle 80000,
Sri Lanka

Phone :
+94 91 223 3388

URL :
www.aman.com/ja-jp/resorts/amangalla

CDB
CDB
RE
SUPER

COLOMBO & MOUNT LAVINIA

COLOMBO & MOUNT LAVINIA

コロンボとマウント ラビニア

スリランカの首都はスリ・ジャヤワルダナプラ・コッテだが、商業都市は西部の海沿いの街、コロンボ。スリランカ最大の人口密度で行政と経済の中心地。ミツが住んでいた頃はツインビルのワールドトレードセンターがトレードマークだったが、さらに高いビルの建設ラッシュが続く。刺すような日差しと、けたたましいクラクションが鳴り響く渋滞は頭の痛いところではあるが、ホテルやショップ、カフェ、地元の人が大切にする寺院、クリケットを楽しむ公園、たこあげする芝生、日常のマーケットまで、ありとあらゆるものが混在し、融合し、尊重しながら共存している。これからますます大きく発展していく街。列車も走っているが、コロンボ内を網の目のようにバスが走っている。メーター付きの三輪車も列をなして来るが、外国人だとメーターを使わない場合もあるので注意。UberやPickMeなどのアプリを入れておけば、運転手との交渉も不要。外国人が多いコロンボではトラブルもあるので、気をつけよう。

Map

気候：熱帯

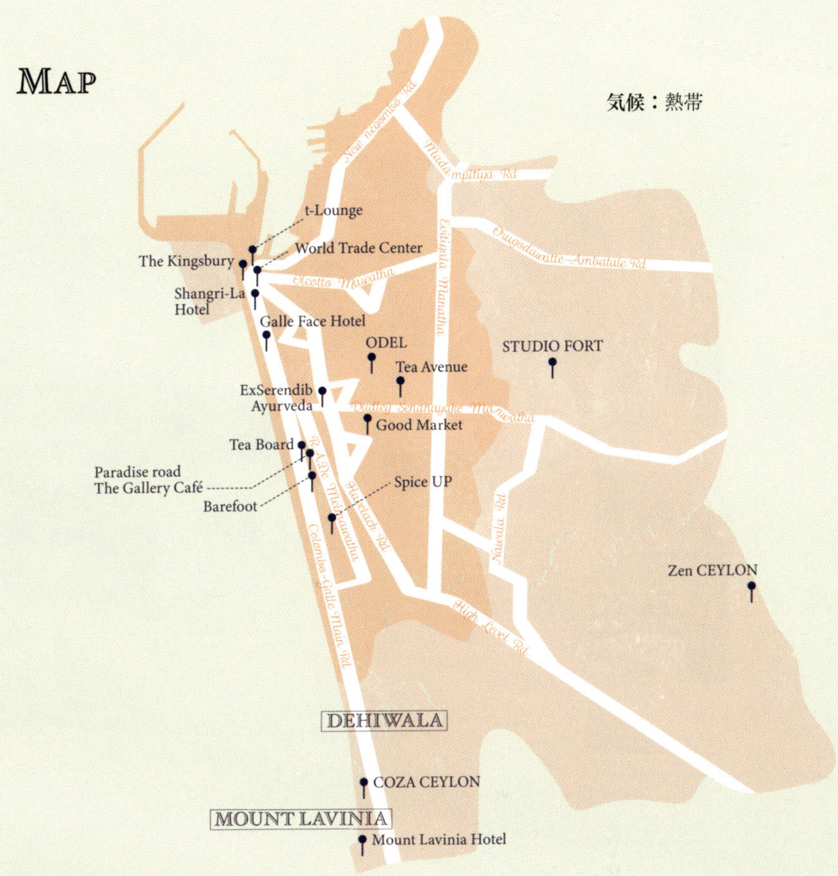

みどころ

スリランカ政府紅茶局（ティーボード）は紅茶メーカーの茶葉がずらりと揃っていて、お土産を買うのにぴったりなスポット。大都会なのでデパートやお店もたくさんある。モダンなティーカップやティーポットなどのティーグッズ、おしゃれなカフェ、ホテルのハイティー、スリランカ独特のハーブティーやスパイスティー。伝統的なスイーツが楽しめるホテルのビュッフェ。オーガニックの青空マーケットなどがあちらこちらに。旅の最後に日帰りのアーユルヴェーダや占星術も楽しんで。そしてやはり気になるのは宝石店？　サリーを着て、宝石を身につけ、メイクアップしてプロのカメラマンに撮ってもらう写真は旅の素敵な思い出になるかも。

PULL
F&W
F&W

スリランカは紅茶の国。国民の10人に1人は、紅茶に関係する仕事をしているのだから。産地に入れば、紅茶作りのプロがいる。工場には大型の機械があり、一日で大量の紅茶を仕上げていくが、その機械を動かすのは人間だ。その日の天気、気温、湿度、摘んだ葉の状態を見極め、製茶過程を毎日微調整している。昨日より、もっと香り豊かに、もっとおいしくなるようにと……。データと職人技が一体となり作り出すスリランカの紅茶は「アート」だとも。

一方、コロンボには、テイスティングのプロがいる。スリランカに8社あるティーブローカーでは、スリランカ中から毎日紅茶のサンプルが送られてくる。そのうちのひとつ、FORBES & WALKERを訪問した際、テイスティングルームには、125のテイスティングカップがずらりと用意されていた。これを一日中、何セットもテイスティング……。紅茶の鑑定をし、製茶工程の改善をフィードバックする。テイスターは、外観、茶殻、水色、香り、味……、といった関連する約60項目を、ほんの3秒で把握し、世界最大規模のコロンボ・ティーオークションで競り落とされる価格を予想する。神業だ。そんなプロのテイスターのもとには、世界中から紅茶のバイヤーが集まる。

紅茶は、一日として全く同じ品質のものはできない。天候に左右される農作物だから。その紅茶を、紅茶メーカーは、オリジナルブレンドティーとして一定の品質に保たねばならない。至難の業で気が遠くなる。その時々によって出来る紅茶は千差万別。今ある紅茶の中で、いつもの香り、いつもの味を再現するには、今回はどの茶園のどの紅茶をどのようにブレンドしたらよいかと相談したりすることも。ブレンドシートと呼ばれる極秘の資料には、数種類〜20種類くらいの茶葉の名前がずらりとある。これぞ、プロフェッショナルの仕事。コロンボにはこんな素晴らしい仕事を毎日こなしている人がたくさんいる。わくわくゾクゾクする刺激的な街だ。

ZEN CEYLON

ゼン セイロン

体験　買う

紅茶とハーブティーのテイスティング体験ができる。スリランカには、日本ではあまり馴染みがないハーブのゴツコラ、トゥルーシー、モリンガ、ネッリなどがあり、その多くはアーユルヴェーダで古くから使われている。スリランカの紅茶とハーブやスパイスなどを約30種テイスティングし、ブレンドするためのコツを学びながら、自分だけのオリジナルハーブ＆スパイスティーのブレンドを作って持ち帰ることができる。新製品だというインスタントティーもおすすめ。少量のインスタントティーと熱湯、粉ミルク、砂糖があれば、とても簡単においしい本格的なミルクティーが楽しめる。

8:30-17:00
休日　土曜、日曜

所要時間　約2時間30分
要予約
（6名以上の場合は開催場所が変更となるので確認を）
料金　30USD

Address:
No.68, Siripura,　Hokandara Road,
Thalawathugoda, Sri Lanka

Phone:
+94 71 430 0903

URL:
www.zenceylon.com

Studio Fort

スタジオフォート

スリランカの民族衣装サリーは、女性をさらに美しく見せてくれる。そのサリーを豊富にそろえ、本格的な着付け、メイク、撮影が体験できるスタジオ。鮮やかなたくさんのサリーやアクセサリーに思わず心が躍る。スリランカ美女に変身したら、木漏れ日がさすスタジオへ。フォトグラファーの石野明子さんは、朝日新聞で活躍されていたそう。スタジオのさまざまなスポットで丁寧に撮影してくれます。男性用や子供用の衣装もあるのでカップルや家族でも楽しめる。衣装のレンタルや出張撮影もできるとのこと。撮影のあとはそのままハイティーに出かけることも可能。静かで開放感あふれるスタジオで旅の思い出の一枚を。

体験

Address:
60/5A Madinnagoda Rd,
Rajagiriya, Sri Lanka

Phone:
+94 11 288 2117
+94 76 830 3700 (Mobile)

Email:
info@studio-fort.com

URL:
https://studio-fort.com/

THE T-LOUNGE

ザ ティーラウンジ

フォート地区、ダッチホスピタルのすぐそばにあるディルマ社が経営する紅茶専門のカフェ。陽気なスタッフに声をかけられ、あっという間に気持ちも和む。高い天井にらせん階段、心地よい音楽、ゆったりとした椅子。スリランカの産地別・茶園別のシングルオリジンティーはもちろん、希少なシルバーチップスや、オーガニックティー、フレーバードティー、スパイスやハーブでアレンジしたオリジナルティー、フルーツティー、スパークリングティー、シェイクにスムージーなどとても幅広いティーメニュー。ピザやハンバーガーといった軽食から、クレープ、ワッフルなどのスイーツも楽しめる。コロンボにもう1店舗と、ニゴンボにも1店舗ある。

8:00-23:00

Address:
Chatham Street, Dutch Square,
Block B, 62/2, Chatham Street,
Colombo 1, Sri Lanka

Phone:
+94 11 244 7168

URL:
www.dilmaht-lounge.com/sri-lanka/

PARADISE ROAD THE GALLERY CAFE

パラダイス ロード ザ ギャラリー カフェ

ジェフリー・バワが事務所として使用していた建物を改築したカフェ。アンティークとモノトーンの見事な融合。圧倒的なバワの世界観は、ミツが住んでいた2001年当時と全く変わらない。タイムスリップしたような感覚に陥る。そう、ここは「変わらないこと」が素晴らしい。20年前も同じ場所で、同じメニューを楽しんだ。人気なのはブラックポークカレー、海老カレー、レモングラス&ジンジャーチキンなど。ホームメイドのアイスクリームやジンジャービールもおすすめ。パラダイス ロードはコロンボに2店舗あるが、カフェはこちらのほうが広く、ゆったりと楽しめる。

食べる　飲む　買う

10:00-24:00

Address:
2 Alfred house road,
Colombo 3, Srî Lanka

Phone:
+94 11 258 2162

URL:
www.paradiseroad.lk

Barefoot

ベアフット

スリランカで人気の雑貨店。お土産品におすすめ。バワのホテルの制服やファブリックを手がけるデザイナー、イタリア系スリランカ人のバーバラ・サンソニ氏が「貧しい村の人たちの手に職を」と村の女性を集めて立ち上げた。糸を染色し、織る。ヴィヴィッドでカラフルなファブリックは、熱帯の国スリランカの空気とふれあいとても鮮やか。テーブルウェアや、サリー、巻きスカートにバッグ、財布、ぬいぐるみなど、丁寧に縫製された製品はとても丈夫。製品前の反物も購入できるので、ヨーロッパから買い付けに来ている人もよく見かける。ブックショップとカフェも併設。機織り機を常設していて、実際に機織り作業を見ながら紅茶を楽しむこともできる。

体験　飲む　食べる　買う

月曜〜土曜　10:00-19:00
日曜、ポーヤデイ（満月の日）11:00-17:00

Address:
No.704 Galle main road,
Colombo 03, Sri Lanka

Phone:
+94 11 258 9305

URL:
www.barefootceylon.com

TEA AVENUE

ティー アベニュー

紅茶を気軽に楽しめるスタバ的なショップ。せまいが駐車場もある。ディンブラ、ウバ、キャンディー、ルフナなどスリランカの産地別紅茶から、オリジナルブレンドティー、アレンジティーまで幅広いメニューをとりそろえている。中でも、「スタンダード36」というミルクティー向きのオリジナル茶葉を使ったものがいちばん人気。ミルクは、フレッシュミルク、粉ミルク、コンデンスミルクから好きなものが選べる。ショップでは、茶葉も購入できる。もちろんスイーツもあるので時間があればテラス席か2階の席で行き交う人や車を眺めながらゆっくりとくつろごう。深夜まで営業している。コロンボにはここを含めて4店舗を展開。ベトナムにも店舗がある。

体験　飲む　食べる　買う

7:00-24:00

Address:
No.55, Barnes Place, Colombo 7, Sri Lanka

Phone:
+94 11 266 9944

URL:
www.tea-avenue.com

ザ キングズバリー

フォート地区、インド洋を見渡す海岸沿いの５つ星ホテル。ランチビュッフェ、ハイティービュッフェがおすすめ。そのメニューの多さは、スリランカで一番とも言われている。スリランカ料理はもちろん、インドやアジア、西洋の食事がずらりと並び、写真には到底収まりきらない。全部制覇するのは潔くあきらめよう。また、ランチビュッフェのスイーツの一角に、スリランカのトラディッショナルスイーツのコーナーがある。スリランカで以前食べられていた伝統的なスイーツは観光客には珍しいのでぜひ堪能してほしい。ハイティービュッフェにはスイーツだけではなく軽食もあるので、これを夕食代わりにしても。

泊まる　食べる

Address：
No.48, Janadhipathi Mawatha,
Colombo 01, Sri Lanka

Phone：
+94 11 242 1221

URL：
www.thekingsburyhotel.com

SRI LANKA TEA BAORD
スリランカ政府紅茶局

スリランカの紅茶産業の管理団体。国内の紅茶の品質証明を発行している。ゴールロード沿いにある1階のショップにはスリランカの各紅茶メーカーの商品が勢揃いしている。紅茶のお土産を買うのであればここがおすすめ。スリランカの7大産地別紅茶のセットや、友達用の小さなパッケージの紅茶、木箱に入った紅茶、贈答用の紅茶、シルバーチップスやゴールデンチップスといった希少価値の高い紅茶、自分用の紅茶までいろんな種類が所狭しと並んでいる。紅茶の本や、ポスター、ティーグッズなども多少ある。海外からの観光客だけではなく、地元の人たちもよく利用している。2019年5月にヌワラエリヤに2店舗目をオープン。

体験　買う

Address:
No.574, Galle Road, Colombo 3,
Sri Lanka

Phone:
+94 11 258 7814

URL:
www.pureceylontea.com

ODEL
オデール

10:00-21:00

Address:
No.5, Alexandra Place, Colombo, Sri Lanka

Phone:
+94 77 012 8128

URL:
www.odel.lk/odel-alexandra-place

コロンボで有名なデパート。市民ホール近くにある吹き抜けの3階建てで、洋服、雑貨、子供服、時計、靴、香水、バッグ、本、CD、スポーツメーカーなどブランドショップが集合している。アウトレット品もある。買い物に疲れたらフードコートでのんびり過ごすこともできるし、マッサージや日本食レストランもある。グループで行ってもそれぞれ好きな場所で過ごしたり、お土産を買ったりできるので便利。「SRI LANKA」とプリントされたTシャツや、象の置物など、スリランカ土産にぴったりなものもある。ディルマ、マブロック、マックウッズ、バシラー、ジャフティー、ムレスナ、ティー・タン、といった有名メーカーの紅茶もそろっている。空港にも店舗がある。

GOOD MARKET
グッド マーケット

競馬場を改築したショッピングセンターでコロンボ・レースコースの隣にある。毎週土曜日に「グッド マーケット」という青空市が開催され、60店舗以上が軒を連ねる。添加物を一切使わないオーガニック野菜を使った料理や、フルーツ、ドリンク、フェアトレードのスパイス、洋服、オーガニックの化粧品など、素材に徹底的にこだわって厳選したものが揃っている。HPに各店舗の生産者や畑の様子、環境、福祉、コミュニティー、地域活性の方法など、製品とその背景が詳しく紹介されている。スーパーではなかなか買えないものに巡り会える可能性大。土曜日にコロンボにいるなら、ぜひとも立ち寄りたい。

9:00-17:00
毎週土曜日開催

Address:
Racecourse, Colombo 07,
Sri Lanka

Phone:
+94 77 020 8642

URL:
info.goodmarket.global

GALLE FACE HOTEL

ゴール フェイス ホテル

インド洋の目の前に建つ歴史あるホテル。創業は1864年で英国人茶園主たちの社交場だった。新しいホテルが乱立するコロンボのなかで、群を抜いて際立つ伝統と格式。2015年発表のベストセラーにもなった英国の小説『The Tea Planter's Wife』にも登場する。同年に改築し、重厚な雰囲気を残したまま、部屋はさらに美しく生まれ変わり、快適に過ごせる。ミツのツアーでは、コロンボでの自由時間後に決まって待ち合わせをするのがこのゴール フェイス ホテル。もちろん、紅茶の歴史をたどるという意味もあるが、このホテルであればスリランカ人なら誰でも知っているので迷うことはない。海風を感じながら「ザ・ベランダ」で紅茶やハイティーを楽しむもよし、またホテルの代表的なカクテル、「ピムス」を楽しむもよし。毎日のサンセットタイムには、バグパイプの生演奏とともに海岸に掲げられた国旗が降納されるセレモニーが行われる。ピムスを片手に、刻一刻と変わる空を見る。波の音とバグパイプの音だけがまじりあうこの瞬間は最高！

体験 飲む 食べる 泊まる

Address:
No.2 Galle Road,Colombo 3 , Sri Lanka

Phone:
+94 11 254 1010

URL:
gallefacehotel.com/ja/

海風を感じる心地よいオープンエアのレストランでハイティーが楽しめる。チョコレートのオペラスライス、パパイヤ、ライム、ジンジャーのタルト、デーツとパッションフルーツのケーキ、ストロベリーショートブレッド、焼きたてのスコーン、レーズンスコーン、クロテッドクリーム、自家製ストロベリージャムとトロピカルフルーツジャム、キュウリとミントの入ったクリームチーズのハーブブレッドなど3種のサンドウィッチ、カトゥレッツ、チーズパンなど。紅茶は約15種類から選べる。

COZA CEYLON

コザ セイロン

体験 泊まる

マウント ラビニアにある全6室の新しいブティックホテル。ビーチまで徒歩1分。ジェフリー・バワの弟子とオーナーがドアノブまで相談して設計したこのホテルは、フロントの天井が高く、流れる空気も穏やかに感じる。日本語が話せるスリランカ人男性と、日本人で紅茶に関する仕事をしていた麻美さんのご夫婦が経営する。細やかな気遣い、ホスピタリティーが素晴らしい。屋上にはプールとヨガもできる広い部屋がある。初めてスリランカ旅行をする人にはとてもおすすめ。スパもあるので疲れたらぜひ。ハイシーズンでなければ、スリランカの伝統的なローカルスイーツレッスンもアレンジしてくれる（要相談）。

Address:
No.24, Siripala Road,
Mount Lavania, Sri Lanka

Phone:
+94 77 042 7777（日本語対応可）

URL:
cozaceylon.com

SHANGRI-LA HOTEL

シャングリラ ホテル

ラグジュアリーホテル。アフタヌーンティーは3段トレイのクラシックウェスタンスタイル、5段トレイのアフタヌーンハイティー。そして7段トレイのスリランカスタイルの3種類。内容はそれぞれ違うが、キュウリとクリームチーズのサンドイッチや、定番のスコーン、濃厚なチョコレートブラウニーや、フルーツトライフル、スリランカを代表するスイーツ・ワトラパン、パンケーキ、ビビカンなどが楽しめる。フルーツはダンブッラの契約農家から直接仕入れている。ベジタリアンのハイティーも用意してくれる。時間によってはピアノ、ヴァイオリン、チェロの素敵な生演奏が聴けるかも。

飲む　食べる　買う　泊まる

Address:
No.1 Galle Face, Colombo 2, Sri Lanka

Phone:
+94 11 788 8288

URL:
www.shangri-la.com/jp/colombo/shangrila/

MOUNT LAVINIA HOTEL

マウント ラビニアホテル

コロンボから南へ車で30分。駅のすぐそばにあり、岬の突端にある白亜のホテル。遠くに霞んで見えるのはコロンボの高層タワー。線路を走る列車の汽笛と、目の前に広がるインド洋の波音をBGMに、ゆっくりとハイティーが楽しめる。スモークサーモンとクリームチーズ・チキン・キュウリの3種のサンドイッチ、卵とクレソンをサンドしたパン、海老フライ、オペラケーキ、エクレア、レモンタルト、ココナッツマカロン、ラズベリームース、自家製ジャムとスコーンなど。旬の紅茶、コーヒーやアイスコーヒーも選べる。ヴィーガン対応のアフタヌーンティーも用意できる。

体験　飲む　食べる　泊まる

Address :
No.100, Hotel Road,
Mount Lavinia, Sri Lanka

Phone :
+ 94 11 271 1711

URL :
www.mountlaviniahotel.com

EXSERENDIB AYURVEDA

エクセレンディブ アーユルヴェーダ

スリランカには数多くのアーユルヴェーダ施設があるが、その中でも日本人が経営するこちらはおすすめ。最初に医師の診断を受け体調や体質を踏まえた上で、使用するオイルや薬を決めている。インフォームドコンセントも徹底していて、実際に使用したオイルや施術、その後の生活に必要なアドバイスや食事指導を、オリジナルの診断書として発行している。体調を整えるために食べた方が良い物や起床時間、運動に適した時間、考え方などが細かく書かれている。予約は必要だが、日帰りでも可能。全部屋個室、シャワーやドライヤーも完備。日本語サポートもあるので安心。アーユルヴェーダ講座も実施中。スーツケースなど荷物預かりサービスもある。

体験　買う

9:00-20:00（最終予約 18:00）
休日　不定休

要予約

Address:
32/8A, Flower Road, Colombo 07, Sri Lanka

Phone:
+94 77 979 2111（日本語専用）

URL:
ja.exserendib-ayurveda.com

SPICE UP

スパイス アップ

スリランカで発行されている唯一の日本語フリーペーパー。スリランカ在住の日本人、スリランカ・リピーターなどコアなスリランカ・ファン向けで、主要観光地の定番スポット、歴史的な背景などを、地図や写真付きで詳細に掲載。新しく開業したホテルやレストランなどの最新スポットを紹介するニュースページ、最新の取材情報を元に書き下ろした特集記事、各分野の第一人者へのインタビュー記事を掲載。読者限定の割引特典も。日本でも購読が可能で、ウェブサイトではPDFを閲覧でき、誌面とは異なる独自記事も掲載している。2017年1月創刊、年6回隔月発行。

Address :
No.6, Temple Lane, Colombo 03, Sri Lanka

Phone :
+94 77 671 1761

URL :
spiceup.lk

SUSHAKTHI ASTROLOGY SERVICE

スシャクティ アストロジー サービス

スリランカでは生まれると同時にホロスコープを作り、一生涯大切に持っているそうだ。占星術師になるためには国家資格を取る必要がありランクもあるそう。結婚もこのホロスコープで相性判断する。毎年正月を迎えるにあたり、年末年始の行事を執り行う時間も複数人の占術師によってホロスコープで決めるというのには驚いた。人生の大切な節目もまたしかり。結婚式の日取りも占星術によって決まるので夜中にスタートすることも。名前、生年月日、生まれた時間（何時何分）、生まれた場所、経度と緯度を事前に伝えておくとよい。幼少期から、性格、結婚、家族、健康、仕事まで。パワーストーンや邪気払いとなる宝石も教えてくれる。

体験

占星術師 Suranja 氏
日本語通訳付き
コーディネーター CANAW 野原香奈

要予約
料金　7,000 Rs 約 1 時間

問い合わせ
info@canaw-lanka.com（日本語対応）

Phone :
+94 77 672 6624（日本語対応）

Afternoon Tea & High Tea List

スリランカの紅茶を愉しむ
おすすめティールーム

AMANGALLA

予約 : 不要
値段 : 1人 5800Rs

AMANGALLA AFTERNOON TEA

The Sliver Stand
tartelettes, cakes, short eats, scones, homemade jam, clotted cream, assorted finger sandwiches & choice of tea

Patisseries
Millionaires shortbread, Pineapple gateaux, Chocolate éclair, Coconut cake, Gluten free orange & Olive oil cake

Short eats
Selection of premium finger sandwiches, Sundried tomato & goat's cheese tart, Devilled chicken empanadas, Potato & green pea empanadas, Homemade biscuit plate

Tea
The Rares, Handunugoda white tea, A unique local tea with antioxidants, Handunugoda rain forest, Amangalla's low lying estate house tea, Lovers leap flowery broken orange pekoe, A lively high grown tea, Lumbini flowery broken orange pekoe, Strong and flavorful award-winning southern teas

The Basics
Rooibos yala, English breakfast tea, Earl grey tea, Sapphire oolong tea, Green tea

The Infusion
Fresh mint infusion, Fresh ginger infusion, Fresh lemongrass infusion, Chamomile tea, Iced tea

Coffee & Hot Chocolate
Espresso, cappuccino, latte, macchiato, Small French press, Large French press, Hot Chocolate

Galle Face Hotel

予約：必要
値段：1人 2200Rs

AFTERNOON TEA

Opera slice, Papaya, lime and ginger tart, Date and passion fruit cake, Strawberry shortbread

Plain scones, Sultana scones, Clotted cream, Homemade strawberry jam, Homemade tropical fruit jam

Cucumber & minted cream cheese finger sandwich on herb bread, Smoked seer fish and avocado finger sandwich on brown, Coronation chicken sandwich on curry bread, Seeni sambol and cheese paan, Beetroot curried egg, Fish cutlet, Vegetable curry puff

Tea
Dimbula, NuwaraEliya, Ruhuna, Ceylon Sencha, Earl Gray, Chai tea, Cammomile, Ginger tea, Moroccan Mint, Sunset Soother, Blue Fire, Garden of Eden, etc

THE GRAND HOTEL

予約：必要
値段：1人 3000Rs

CELEBRATION TEA Sparkling wine set

Cold
Triple decor vegetable sandwiches, Mushroom with cheese on toast bread, Smoked beef wrapped with asparagus, Salmon mouse tart

Hot
Vegetable vol-au-vent Fish cutlet, Curried potato balls coated sesame seeds, Scented chicken patty wrapped with pandon leaves

Pastry
Coffee cream slice, Chocolate bonnet tart, Strawberry scones, Coconut pancake

Tea

The Hill Club

予約：必要
値段：1人 20USD＋200Rs

HIGH TEA

Sandwiches
Cheese & Ham Sandwich, Asparagus Roll, Egg Sandwich

Savouries
Mini Pizza, Chicken Puff, Fish Patties, Chicken Spring Rolls, Mini Burger

Home Made Scones
Raisin Scones with Clotted Cream & Jam

Sweets
Battenberg Cake, Chocolate Éclair, Tart, English Fruit Cake

Mount Lavinia Hotel

予約 : 不要
値段 : 1人 1800Rs

HIGH TEA

Savouries
Cream chees sandwich with smoked salmon, Traditional egg & Watercress Bun, Classic chicken sandwich, Buttered bread with thinly sliced cucumber, Mini spinach & Gort Cheese quiche, Crispy Coconut Prawns

Sweets
Opera Cake, Classic Éclair, Lemon Tart Coconut Macaroons, Raspberry Mousse Scones with Cream and Homemade Jam

Tea, Coffee or Iced Coffee

Heritance Tea Factory Hotel

予約 : 必要
値段 : 1人 1500Rs

High Tea

Finger Sandwich, Fruit Tart with Strawberry, Orange & Grapes, Helapa(Steamed, Sweetened Coconut and Kurakkan Flour), Savoury Fish Patti, Savoury Samosa Tandoori Wadai with Coconut Chutney, Scones with Pani Pol, Fruit Cake, Cookies

Tea
Light Tea–Pekoe, Medium Tea–BOP, Strong Tea–BOPF, Green Tea

Jetwing St. Andrew's

予約 : 必要
値段 : 1人 1200Rs

HIGH TEA

Savory Platter
Thandoori Chicken in home baked onion & cumin bread with spread mayonnaise, Vegetable finger sandwich, Up country vegetable tart top with cheese

Sweet Platter
Scones filled with sultana & cinnamon, Chocolate and vanilla milk cookies, Chocolate éclair, Kisses, Battenberg

Accompanied with,
Strawberry Jam, Clotted Cream, Sweet Chili Sauce, Orange marmalade

Selection of Tea
Breakfast Blend, Nuwara Eliya FBOP, Green Tea Gun Powder GP1

Shangri-La Hotel

予約：必要
値段：2人 3900Rs

CLASSIC WESTERN TEA

Savouries

Smoked salmon and horseradish cream on brown bread, Farmed egg mayonnaise on white bread, English cucumber, cream cheese and rocket served on white bread, Chicken and mushroom vol-au-vent

Sweets

Passion fruit meringue tart, Strawberry macaroons, Earl Grey chocolate truffles, Vanilla panna cotta and passion fruit jelly, Chocolate pave, Homemade warm Vanilla & raisin scones, Strawberry jam, Cream cheese, Lemon curd

Tea or coffee

SRI LANKAN TEA

Savouries

Malu paan (curried fish bun), Farmed vegetable cutlet, Sri Lankan chicken roll, Lamb samosa

Sweets

Pol pani pancake (grated coconut infused with, jaggery and cardamom), Watalappan(coconut custard pudding with jaggery and cashew nuts), Pineapple upside down, Bibikkan(Sri Lankan coconut cake with treacle), Marzipan Sri Lankan fruit cake, Homemade Cinnamon scones, Dambulla fruit platter, Pineapple jam, Vanilla sauce

Tea or coffee

AFTERNOON HIGH TEA

Savouries

Smoked salmon and horseradish cream on brown bread, Plum tomato, mozzarella and basil pesto sandwich, Assorted mushroom puff, Grilled crab cake with sweet chilli sauce, Pink salmon and leek quiche, Cheese stuffed chicken winglet

Sweets

Dark chocolate brownie, English fruit trifle, Pistachio and almond slice, Semolina fudge toffee, Homemade vanilla scones, Strawberry jam, Cream cheese, Lemon curd

Tea or coffee

旅の終わりに

2001年、スリランカへ単身渡ったとき、「紅茶を勉強しに来た」と言うと、不思議な顔をされた。いったい紅茶の何を学ぶのだろうか……と。ところが、「紅茶が好きだから、セイロン・ティーを飲みに来た」と言うと、ふわっと表情がゆるみ、誇らしげになった。世界に誇るセイロンティーを飲むために、はるばる日本から来たのか？と。それも1年間となると、ゲラゲラ笑われた。そして距離がぐんと縮まった。

2009年に内戦が終わり、「紅茶を特別に楽しむスポット」が急激に増え、世界中の紅茶ファンを魅了する国になったが、実はスリランカではどこでも紅茶は楽しめる。高速バスでの長距離移動中、休憩するのはカデー。私も車を運転し、移動中にいろんなカデーに立ち寄った。そこで飲むキリテーは様々。ココア風味のキリテーもあって、「日本人だから特別にMILOを入れておいたよ」とウィンク。茶畑では、朝一番の茶摘みのあと、持参した紅茶とビスケットでティータイム。下宿先の村長の家では夕方寸胴で5リットルもの紅茶を一度に作る。「紅茶いれたよ」と言うと、家族はもちろん、ご近所さんまでもが入れ替わり立ち替わり飲みにきた。バティックとろうけつ染めの工場では、プレンティーと砂糖を両手に持って休憩をとっていた。街の安全を守る検問所でも片手にはマグカップ。製茶工場の門番の待機部屋にも紅茶のカップ。青空市場の八百屋さんも、紅茶を飲みながら店番。

オフィスではティータイムの時間があり、大きな会社になると紅茶をいれるティーボーイや派遣スタッフがいる。ティーボーイは社員一人一人の好きな紅茶を把握し、それぞれのために紅茶をいれるので結構忙しいそうだ。朝の紅茶をいれた後は、買い出しに行き、午後のティータイムの準備をするという。確かに専業だ。郵便局では夕方、スタッフが順番にティータイムをとっていた。

現地の人たちにとって、紅茶は特別な飲み物ではなく日常。周りを見渡すだけで、そんなありふれた紅茶のある生活があちらこちらに。微笑ましく、そして心穏やかになるのは、私だけではないだろう。

初めてスリランカを訪れたときから20年が経った2019年3月。毎年セイロン・ティーツアーを開催し、下宿先にも立ち寄り、キリテーを飲み、スリランカの普段の生活を生徒さんに体験していただいているのだが、今回久しぶりにかつての下宿先に宿泊した。お互い年を重ねたが、いつもどおり温かくたおやかにむかえ入れてくれた。「ミツに話したいことが沢山あるわ。でもまずは、あれね」と紅茶の準備をしてくれる。キッチンに立つと話は弾む。あのときと、何も変わらない……。紅茶は人と人とをつなげる飲み物であることを強く実感する。もっと紅茶のことを知りたければ、紅茶をとりまく人たちに会ってほしい。プロフェッショナルな仕事ぶりを見て、紅茶を飲んでいる人たちにも沢山話しかけてみて。きっと、もっと紅茶が好きに、そしてもっとスリランカが好きになるだろう。

さあ、この本を持ってスリランカへ。
あなたにとって、とびきりの紅茶がそこにある。

2019年4月
MITSUTEA 中永美津代

History of Ceylon Tea

— セイロン・ティーの歴史 —

セイロン・ティーを発展させた2人。

James Taylor

ジェームス・テーラー

1835－1892

Thomas Johnstone Lipton

トーマス・リプトン

1850-1931

スコットランドに生まれる。9歳の時に母を亡くし、さみしい少年時代を過ごした。16歳の時セイロン行きを決める。32歳のときペラデニア植物園からアッサム種の茶の苗木を受け取り、19エーカーの土地を開墾。その一方でスリランカの一大産業だったコーヒーがさび病で壊滅。絶望の淵にいたパイオニアたちを勇気づけたのが茶の木への転換だった。テーラーは、茶の木の栽培から、茶摘み、製茶方法まで、より完成度の高いものへ改良する研究と実験を重ねた。1892年、57歳のテーラーは赤痢にかかり死去。テーラーがいたからこそ、今のセイロン・ティーがある。テーラーの墓の十字架の下には「この島における紅茶とキナノキのパイオニア」と記されている。

スコットランドのグラスゴーに生まれる。両親はアイルランド移民で小さな雑貨店を営んでいた。リプトンは学校に通いながら働き両親を助けた。13歳でアメリカにわたり商法を学ぶ。19歳でグラスゴーへ戻り父の店を手伝う。1871年に自分の店を持ち10年間で20軒以上に急成長させた。当時紅茶の需要が増えていたイギリスで、紅茶の量り売りではなく小包装で売ること思いつく。そして各地の水に合う紅茶のブレンドを作り評判になる。1890年、セイロンにわたり次々と農園を買う。機械を導入し大量生産を可能にした。彼自身が生産者になることにより、おいしい紅茶を、より安く、人々の元へ届けることができるようになった。「茶園から直接ティーポットへ」。リプトンによって、セイロン・ティーのおいしさが一気に世界に広まった。

16世紀 ポルトガル統治時代

17世紀 オランダ統治時代

1796
|
1948 イギリス統治時代

1820—1830年代
イギリスからセイロンへ、続々とコーヒー栽培のためのパイオニアが集結。ジャングルを開拓する。

1825
本格的にコーヒー栽培が始まる。当時イギリスでは、コーヒーハウスが軒をつらね、男性たちの社交の場になっていた。コーヒーの需要が高く、当時イギリスの植民地であったセイロンでもコーヒー栽培がさかんになる。

1835
ジェームス・テーラーがスコットランドに生まれる。

1839
インドのカルカッタ植物園から、ペラデニア植物園へはじめて茶の木が持ち込まれる。セイロンで小規模ながら茶の栽培実験がはじまる。

1850
トーマス・リプトンがスコットランドに生まれる。ちょうどこのころから、イギリスでは紅茶が、貴族社会だけではなく、労働者階級に普及し始める。

1852
テーラーがコロンボに到着。キャンディーへ出発。

1867
キャンディーのルーラコンデラ茶園にて、テーラーが初めて紅茶を商業規模で栽培。

1868
セイロンのコーヒー生産量が世界一に。

1869
コーヒーの木にさび病が発生し全滅する。農園はこのあと紅茶栽培に転換。

1890
リプトンがセイロンにわたり、10日間で次々と農園を購入。手摘みの茶摘み以外は続々と機械を導入し、大量生産へ。

1892
ジェームス・テーラーが亡くなる。

About Tea 02

Charms of Ceylon Tea

— セイロン・ティーの魅力 —

人生を変えた、
イギリスのミルクティー

私は以前、紅茶には全く興味がなかったが、イギリスで一人旅をしているとき衝撃的に美味しいミルクティーに出会った。チッペナムという小さな田舎町のB&Bに泊まったときにいただいたキャラメル色にゆらめくミルクティー。信じられないくらい濃厚で、ココアのようにしっかりとした味。味に厚みがあり、ミルクの甘みまで感じられるような紅茶。寒い冬だったが、今でもそのティーカップから立ち上る白い湯気まで覚えている。このたった一杯の紅茶で、人生が変わった。知らなかった。紅茶って美味しいんだ。そして、20代最後の年。会社を辞めて、紅茶を飲むためだけにスリランカに旅立った。往復の飛行機のチケットだけを持って……。

紅茶という飲み物は不思議だ。熱湯を入れて蒸らせばストレートティーに、牛乳を入れればミルクティーになる。氷を使えばアイスティーになり、スパイスやハーブをあわせると味や香りのアクセントとなる。豆乳を入れたり、ジュースで割ったり、ワインやアルコールと一緒に使うこともできれば、フルーツや練乳、タピオカを入れてみたり、茶葉そのものをスイーツに入れたり、茶殻を利用した料理もある……。こんな食材、ほかにある？　紅茶っていろんな楽しみ方ができちゃうし、アイデア次第で無限大の広がりを見せるすぐれもの。なんて魅力的なの！

産地や季節による違い

ただ、ひとくちに紅茶といっても、どの茶葉を使っても美味しくなるわけではない。当然、飲みたい紅茶には合うレシピと合わないレシピがある。世界中でとれる紅茶は、その産地ごと、季節ごとに変わり、アロマとテイストは全く違ってくるのだから。

スリランカはインド洋にぽっかりと浮かぶ島。インドの南東に位置し、面積は6万5000㎢で北海道より一回り小さい。こんな小さな島国の中に700以上の茶園がある。紅茶がとれる地域は中央から南に限られ、7つの産地に分かれている。どの産地も、車で走ると2時間で隣の産地に入る

Kali
LUMBINI

ほどの狭さ。スリランカで作られている紅茶は、セイロン・ティーと呼ばれている。1948年、英連邦内自治領セイロンとして独立し、1972年、国名をスリランカ共和国に改称（現在のスリランカ民主社会主義共和国になったのは、1978年）、完全独立国となった。国名はセイロンからスリランカになったが、紅茶はかつてのセイロンという名前が残り、今でもセイロン・ティーなのだ。

気候に恵まれた国、スリランカ

スリランカは赤道より少し北に位置した熱帯の国。中央には高い山脈が連なり、気流が生まれ、雨が降る。たっぷりの水に恵まれ、土壌が潤う。安定した気温と雨量のおかげで、品質の良い紅茶が一年を通してとれる。休眠期がなく、いつでも茶摘みはできるし、製茶工場も稼働している。気候、標高、土壌、モンスーンの影響による雨季乾季、茶樹の種類、製法により、スリランカでは特徴の異なる、個性的でバラエティー豊かな紅茶を作り出している。そのため、世界中でとれる紅茶は、スリランカ国内でほぼ作ることができるといっても過言ではない。標高1890mのヌワラエリヤは、インドのダージリンを思わせる。インドのアッサムのコクは、どこかサバラガムワのコクと重なるし、同じくインドのニルギリはディンブラに似ている。アフリカ・ケニアで作っているCTC紅茶はスリランカでも作られ、マレーシアやインドネシアでとれるさっぱりとした紅茶はキャンディーでとれる。コーヒー党のリピーターが多い、ほろ苦く香ばしいルフナ紅茶はどこにもない独特の個性を持っている。つまり、世界中の人々が飲みたい紅茶は、スリランカ一国ですべて用意できてしまうのだ。

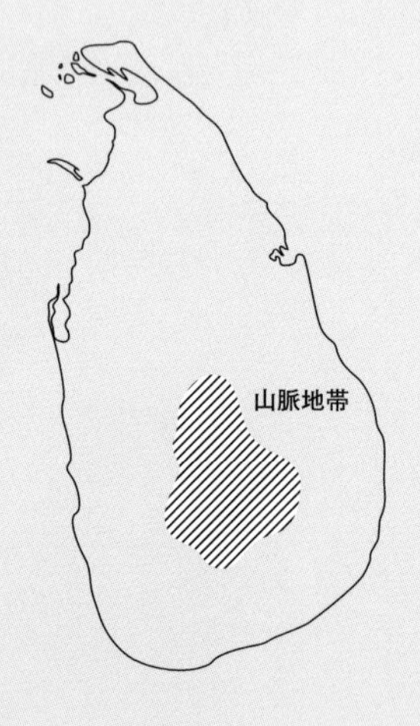

スリランカの産地は、年２回のモンスーンにより、雨季と乾季に分かれ、地域によっては紅茶がぐんと美味しくなるクオリティーシーズンを迎える。栽培は、スリランカの中央、ヌワラエリヤのピドゥルタラーガラ山（標高2524m）から、南部一帯に広がるエリアである。12月～３月の北東モンスーンでは、ピドゥルタラーガラ山の東側に雨が降り、西側にあるディンブラとヌワラエリヤは乾いた風が吹きクオリテ

ィーシーズンとなる。反対に、7月〜9月の南西モンスーンでは、山の西側に大量の雨が降り、東側にあるウバが乾季となりクオリティーシーズンを迎える。紅茶は晴れが続く乾季に入ると質が良くなる。雨が降らないので生産量は落ちるが、茶樹の栄養素がぎゅっと凝縮し、紅茶の味と香りが格段に濃厚に、そして美味しくなるのだ。

スリランカはこの山に製茶工場が集中しており、標高別に、気温、日照時間、茶樹の種類と成長速度、製茶方法などの共通点がある。標高0－2000フィート（0－約600m）をロウグロウン、2000－4000フィート（約600－1200m）をミディアムグロウン、4000フィート（約1200m）以上をハイグロウンと呼び、標高が高くなればなるほど、水色はライトになり、ゴールドがかった色味を帯びてくる。清涼感があるキレの良い紅茶の味になるのが特徴。反対に標高が低くなっていくと水色は濃くなり、味にコクが加わり、深みがぐんと増す。

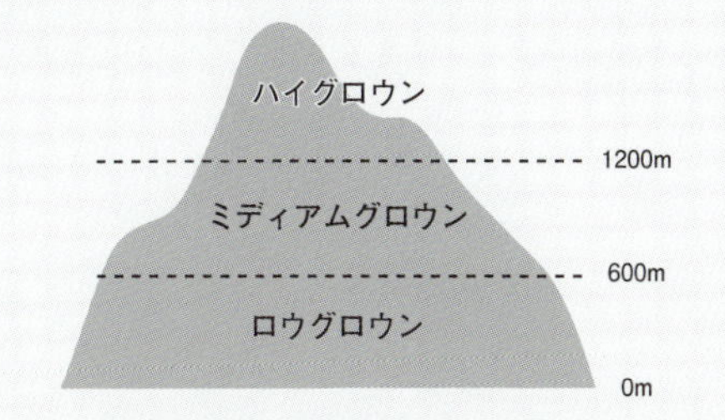

KANDY

キャンディー

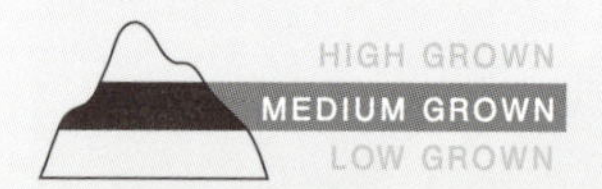

photo by トラベルサライ

セイロン・ティーの栽培が商業規模で始まった歴史ある場所。年間平均気温は24度と、日本の初夏を思わせる気候で過ごしやすい。

水色は明るめの赤銅色。癖がなく、雑味や渋みも少ない。マイルドで飲みやすい紅茶。ストレートティー向きの紅茶が多く、アイスティーにも向いている。

しかし、実際このエリアの茶園を訪問すると、いろんな種類の紅茶を作り始めている。例えば、パンチのある紅茶。中東向けにティーバッグ用として、CTC紅茶を作るように変更した工場も多い。マーケットではティーバッグの人気が高いため、CTC紅茶にすると安定した需要を見込める。ここ数年、キャンディーの紅茶はさらに大きく変わってきた。一部の茶園では茶葉自体に甘みを持たせるようになってきたのだ。香りも甘みを感じるし、テイストも和三盆のようなほんのりとした上品な甘みがある。もちろん、砂糖なしで。ほうじ茶のようなさっぱりとしたキャンディー紅茶もあるけれど、晴れが続き品質がぐんと上がると、渋みを丸く優しく包み込んでくれるようなスイートなテイストになり、香りまでも甘くなる。このようなタイプの紅茶を作る茶園が、今やキャンディーをリードする名園となっており、コロンボで開催されるティーオークションでは、王者ディンブラを上回ることも多々。

スリランカに茶園や工場は700以上あり、各茶園や工場は「セリングマーク」というブランド名を一つか二つ持っている。各産地で作られた紅茶は、セリングマークでティーオークションに出品され、世界中へ旅立っていく。ここでは、茶園名、工場名と、セリングマークを併記する。

有名な茶園

茶園名	セリングマーク
Craighead（クレイグヘッド）	同左
Cooroondoowatte（クールーンドゥワッテ）	同左
Imboolpitiya（インブールピティヤ）	同左
Kataboola（カタブーラ）	Doombagasatalawa（ドゥーンバガスタラーワ）
Kenilworth（ケニルワース）	同左
Rothschild（ロスチャイルド）	同左
Ancoombra（アンクーンブラ）	同左
Loolecondera（ルーラコンデラ）	同左

NUWARA ELIYA

ヌワラエリヤ

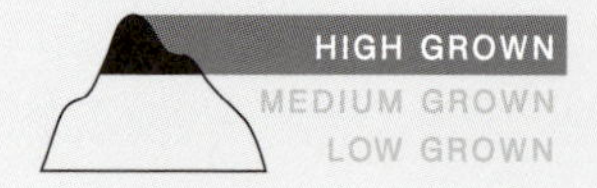

photo by トラベルサライ

スリランカ最高峰のピドゥルタラーガラ山に隣接したヌワラエリヤの町の周辺でとれる紅茶。標高は1860mを超え、年間平均気温は16度と冷涼。日中の寒暖差が、ヌワラエリヤの紅茶のキャラクターを作り出している。水色は明るいオレンジから黄色がかっており、デリケートな味わい。若々しくグリニッシュで緑茶を彷彿とさせる。パンジェンシーと言われる心地よい渋みもある。シーズンは12月～3月。晴れが続けばより一層華やかな香りを放つようになり、インドのダージリンにも似た紅茶となる。ストレートティー向きで、レモンのような柑橘の風味を感じることも。「セイロン・ティーのシャンパン」とも呼ばれる。

紅茶を作る製造方法も独特。茶摘みをしたあと、萎凋（いちょう）、揉捻、ローターバンとここまではハイグロウン製法でほかと同じだが、発酵棚に茶葉を広げる工程を省き、そのまま火入れする。つまり、ほかのエリアと比べて発酵時間がとても短い。冷涼な気候から発酵が進まないこともあるが、発酵時間を特別に設けないことで緑茶のような若々しさを保っているのだ。ストレートティー向きの紅茶だが、茶葉が細かいと渋みも強く出るため、茶葉の量と蒸らし時間を意識していれる。または大きめ茶葉を使い、ゆっくりとおおらかにその特徴を楽しむこともできる。通常、紅茶をいれるときは、95～100度の熱湯を使うのだが、渋みが気になる場合は、いったんティーカップに熱湯を注ぎ、一度冷ましたお湯でいれてみても。また清涼なヌワラエリヤの紅茶は、夏は水出しアイスティーもおすすめ。以前は4つの工場がコロンボのティーオークションに出していたが、パーク茶園が緑茶に転換したため、今ではペドロ茶園、コートロッジ茶園、コンコルディア茶園の3茶園となっている。

有名な茶園

茶園名	セリングマーク
Pedro（ペドロ）	Lovers Leap（ラバーズリープ） Mahagastotta（マーガストータ）
Court Lodge（コートロッジ）	同左
Concordia（コンコルディア）	Kenmare（ケンメア）

UDA PUSSELLAWA

ウダプッセラワ

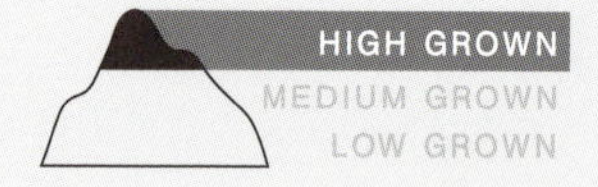

ウバ、ヌワラエリヤ、キャンディーに隣接する地域で、標高950mから1600mのミディアムグロウンから主にハイグロウンにかけて広がる。かつて大部分がウバに属していたが、今は新たにウダプッセラワとしてひとつの産地になった。

特徴は、スリランカで唯一年に2回のクオリティーシーズンを迎えること。7月～9月にかけては、山脈の東側斜面に位置するウバと同じくクオリティーシーズンを迎え、ウバのような爽やかなアロマが感じられることもしばしば。12月～3月にかけては、ヌワラエリヤやディンブラと同じく、ウダプッセラワもシーズンを迎える。最高峰のヌワラエリヤよりも少し標高が下がり、さらに年間を通じて雨が多く霧に覆われた地域でもあることから、ウダプッセラワの水色はヌワラエリヤよりも少し濃く、そしてピンクがかっていることも。時には花束のようなフラワリーなアロマを放ち、メロウなボディーに。ローズのような風味を感じさせるものが最高品質。ストレートティー向き。魅力はこれだけではない。時には、爽快なウバ紅茶のように、時には甘みのあるキャンディー紅茶のように、時にはコクのあるディンブラ紅茶のよう……とその隣接するエリアの紅茶の特徴が様々に現れる。穏やかな紅茶のなかに見え隠れするローズ風味を探すのも、また楽しみの一つ。飽きのこない味わい深さが魅力。また、うまみ成分を感じさせる奥行きのある紅茶まであるから驚き。

最近では、一部の茶園で少しスモーキーな紅茶も作り始めた。スモーキーという言葉自体は、スリランカでは製茶工場の整備不足という認識があったため敬遠されがちだが、個性の一つ。実際イギリスでも日本でも人気がある。過度のスモーキーな紅茶は飲みにくくなることもあるが、このちょっぴりさ加減が日本の水にちょうど良い。口の中で程よく余韻が残り癖になるのだ。

今までのスリランカでの常識を覆し、少しでも差別化した紅茶を作りだそうと作り手が楽しむようになってきた。このウダプッセラワ紅茶は、どんなタイプか……、まるで玉手箱を開けるようで、飲む前からワクワクしてしまう。スリランカの紅茶ファンとしては、さらに選択肢が広がり頼もしい限りだ。

有名な茶園

茶園名	セリングマーク
Alma（アルマ）	同左
Mooloya（ムーロヤ）	同左
Kirklees（カーカリース）	同左
Gordon（ゴードン）	同左

DIMBULA

ディンブラ

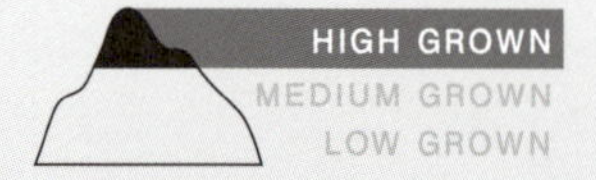

photo by トラベルサライ

中央山脈の西側に位置するハイグロウン地域。東にピドゥルタラーガラ山、南東に世界遺産のホートンプレインズ国立公園、西に4大宗教共通の聖地アダムス・ピークがそびえ立つ中にある渓谷地帯。気温は年間を通して20度〜30度前後。12月〜3月がクオリティーシーズン。ディンブラという一地域の名称がそのまま7大産地のひとつとなった。

一年を通じて安定した品質の紅茶を生産するスリランカの代表的な産地。一般的にスリランカ人が一番好む紅茶がこのディンブラであると同時に、日本でもいちばん人気がある。水色は鮮やかな赤銅色。香りは製茶工場に立ち上る発酵時の奥深い香りそのまま。木の実のようなウッディーなコク、そしてクオリティーシーズンに入り晴れが続くとフラワリーな香りが加わり最高の品質に。軽やかな渋みがアクセントにもなり、ストレートティーとして、茶葉の量を2倍にしてミルクティーとして、またアイスティーにしてもうまみをたっぷりと感じる紅茶の優等生。セイロンティーといえばこのディンブラ紅茶のイメージ。早い段階から5Sシステムを取り入れ、ISOスタンダードや、HACCPを取得する工場も多く、品質はもちろん、衛生面や環境問題、労働者の住まい、福利厚生など、紅茶周りの問題にも意欲的に取り組む先駆者。お手本となるべき茶園が非常に多いエリア。紅茶の生産は、生物多様性の熱帯のジャングルを、単一の植物栽培に変化させた。そのために行き場を失った鳥類・動物などが絶滅の危機に瀕していることを危惧し、何十年、何百年先も持続可能な紅茶栽培をするために、環境問題に取り組むようになったのである。

本来、BOP（ブロークンオレンジペコー）グレードの茶葉が小さめでコクのある紅茶がメインだったディンブラだが、シーズンになるとフラワリーな香りがひときわかぐわしい紅茶を作る茶園もある。それは時として、ヌワラエリヤ紅茶にも近くなるほどで、明るめの水色で、軽やかな味わいとなる。

有名な茶園

茶園名	セリングマーク
Mattakelle（マタケリー）	同左
Great Western（グレートウェスタン）	同左
Bearwell（ベアウェル）	同左
Waltrim（ウォルトリム）	同左
Mount Vernon（マウント バーノン）	同左
Ingestre（インジェストゥリ）	同左
Laxapana（ラクサパーナ）	同左
Abbotsleigh（アボストゥリー）	Florence（フローレンス）
Carolina（カロライナ）	同左
Alton（オルトン）	同左

UVA

ウバ

HIGH GROWN
MEDIUM GROWN
LOW GROWN

インドのダージリン、中国のキームンと並び、世界三大紅茶の一つ。スリランカの南東部にある広大なエリア。リプトンがこの地域一帯を取得し紅茶の産地として一躍有名になった。中央山脈の東側に位置し、7月～9月に乾季に入る。生産量は格段に落ちるが、晴れが40日以上続くと独特のメントール系のウバ・フレーバーが楽しめる。水色は赤みを帯びたオレンジ色。爽快なメントールの香り、刺激的な渋みとコクはクオリティーシーズンのみに現れるため、毎年この時季は最高品質のウバを作り出そうと、天気予報とにらめっこ。いくらシーズンに入ったとしても、雨が多い年には、ウバ・フレーバーが出ないからだ。紅茶の出来は天気次第、農作物であることを痛感する。各茶園では、より良いウバ・フレーバーを楽しんでもらうため、茶葉が細いBOP（ブロークンオレンジペコー）を作り、日本とドイツに非常に人気がある。しかし、シーズンオフになるとフルリーフタイプにし、中東や中国をターゲットにシフトチェンジする茶園が多い。ただ、ウバ・フレーバーを作り出せる茶園は限られている。残念ながら晴れが続くだけですべての茶園がウバ・フレーバーを作り出せるわけではない。あの味、あの香りを出せるのは、乾季で雨が降らないという条件と同時に、南東からの強い風をキャッチできる地の利がある茶園のみ。有名なのがマルワッテバレーと呼ばれる渓谷にある名園、ウバ・ハイランズ茶園とアイスレビー茶園だ。クオリティーシーズンのウバ紅茶は、ぜひストレートティーで楽しんでほしい。ミルクを入れると、軽やかなミルクティーになる。また、濃厚にいれて氷をいれたグラスに直接注ぐと、爽やかさのアクセントが心地よいアイスティーとなる。

有名な茶園

茶園名	セリングマーク
Uva highlands（ウバ・ハイランズ）	同左
Aislaby（アイスレビー）	同左
Oodoowerre（ウドゥウェラ）	同左
Attampettia（アテンピティヤ）	同左
Dambethenna（ダンバテン）	Bandaraeliya（バンダラエリヤ）
Dickwella（ディックウェラ）	同左
El Teb（エルタブ）	同左
Sarnia（サルニア）	Sarnia Plaiderie（サルニア プレイデリー）
Halpewatte（ハルペワッテ）	Halpewatte Uva（ハルペワッテ・ウバ）
Demodara（デモーダラ）	同左

RUHUNA &
SABARAGAMUWA
ルフナ&サバラガムワ
HIGH GROWN
MEDIUM GROWN
LOW GROWN

スリランカ南西部、海沿いには世界遺産のゴールの街があり、世界遺産シンハラージャ森林保護区がある。肥沃な大地、スコールに恵まれ、自然の恵みをたっぷり受けた力強い紅茶が作られるエリアだ。かつての広大なルフナ産地を、サバラガムワ州の境界線でルフナとサバラガムワに南北に分割した。海に近い南がルフナ、山に向い標高が高くなる北がサバラガムワである。家庭の庭先で茶の木を植え、茶葉を工場に売る小規模農園が盛んな土地だ。ルフナとサバラガムワでセイロン・ティー全体の60％を超える生産量を誇り、ティーオークションでは平均すると最も高値で取引される、セイロン・ティーをリードしているエリア。中東諸国やロシアは、好んでこのエリアの紅茶を買い占め、たっぷりの砂糖を入れて楽しむ。水色は濃いのだが、渋みは少なく、フルボディーのしっかりとした味。

南のルフナは、ほろ苦く香ばしさが際立つ。コーヒーのような余韻のある一風変わった紅茶。日本ではなじみがなく、コーヒー党のリピーターが多い。ストレートに、ちょっとだけ砂糖を入れてみよう。ほろ苦さの輪郭が際立ち、さらに特徴が出てくる。朝はこのルフナを茶葉２倍で濃厚にいれ、たっぷりのミルクで飲むのがおすすめ。一方、北のサバラガムワは、蜂蜜のような甘みが特徴的。ストレートティーや、アレンジティーのベースとしても。日本の水でいれると、甘みがぐんぐん引き出されてくる。カラメルのような風味。ジンジャーティーのベースなど、コクのあるブレンドティーのベースとしておすすめ。

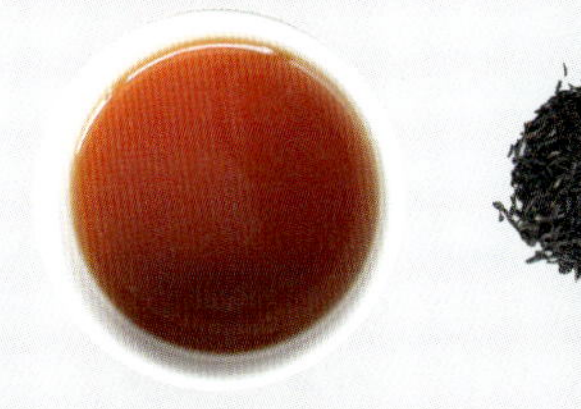

有名な茶園

茶園名	セリングマーク
ルフナ	
Lumbini（ルンビニ）	同左
Pothotuwa（ポトツワ）	同左
Kiruwanaganga（キルワナガンガ）	同左
Dellawa（デラワ）	同左
Hingalgoda（ヒンガルゴダ）	同左
Kalbowitiyana（カルボウィティヤナ）	同左
サバラガムワ	
Sithaka（シタカ）	同左
Hidellana（ヒデラナ）	同左
Ceciliyan（セシリヤン）	同左 Nelunwatta（ネルンワッタ）
Galpadithanne（ガルパディタンネ）	Suduwelipothahena（スドゥウェリポタヘナ）
New Vithanakande（ニュービタナカンダ）	同左

MITSUTEA

燦々と輝く太陽、澄みきった空気、見渡す限りの紅茶畑……。茶園で飲む出来たての紅茶の味わいは格別。人の手でひとつひとつ丁寧に摘み取られた茶葉。そのなかでも柔らかな葉だけで作られた紅茶は、何も加える必要はありません。

"その味を、そのまま伝えたい。"

そんな思いからMITSUTEAを立ち上げました。当店では、紅茶に香料を一切加えていません。紅茶、ハーブ、スパイスなど自然からの贈り物をそのままお届けしたいと思っています。徹底的にテイスティングを繰り返し、日本の水に合う紅茶だけを厳選。茶園の協力のもと作り出された当店特注の紅茶は、その後に開催されるティーオークションでもトッププライスをマークすることもしばしば。世界中の紅茶バイヤーからの評価が高い紅茶になりました。

LINEUP

スリランカ産
茶園別シングルオリジンティー

・ヌワラエリヤ紅茶
・クオリティーウバ紅茶
・ディンブラ紅茶
・ウダプッセラワ紅茶
・キャンディー紅茶
・サバラガムワ紅茶
・ルフナ紅茶

ミルクティー向きCTC紅茶

・ディンブラCTC紅茶
・キャンディーCTC紅茶
・サバラガムワCTC紅茶
・ルフナCTC紅茶

スペシャルティー

・シルバーチップス&ゴールデンチップス
・オーガニック紅茶

オリジナルブレンドティー

・シナモンティー
・ジンジャーティー
・マサラチャイ
・シトラスティー
・ストレートティーブレンド
・ミルクティーブレンド
・エブリデイブレンドティー

アイスティー

・本格アイスティーハウスブレンド
・清涼水出しアイスティー
・濃厚アイスミルクティー
・水出しアイスミントティー
・水出しアイスローズティー
・水出しアイスシトラスティー
・水出しアイスハイビスカスティー

著者／MITSUTEA代表　中永美津代（なかえみつよ）

2001年に勤めていた日刊スポーツ新聞社を辞め、1年間セイロン・ティーの7大産地に滞在し紅茶を学ぶ。茶摘みをはじめ、テイスティング、製茶工場、ブローカー、ティーオークション、紅茶メーカーといった紅茶の生産から流通にいたるまですべての工程を網羅。訪れた茶園は70を超え、スリランカ政府紅茶局から推薦状を受ける。
帰国後2002年にMITSUTEAを立ち上げ、セイロン・ティーの輸入販売を開始。2012年に横浜に実店舗をオープン、紅茶の試飲や初心者からプロまで学べる紅茶教室も開催。カフェ開業、紅茶メニュー開発などコンサルティングも手がける。毎年セイロンティー・ツアーを企画し、100名以上をスリランカへ案内する。一人でも多くの方に、スリランカとセイロン・ティーの魅力を伝えたいと心より願う。著書に『泣いて笑ってスリランカ』（ダイヤモンド社）、『そんな紅茶で満足ですか』（祥伝社黄金文庫）がある。

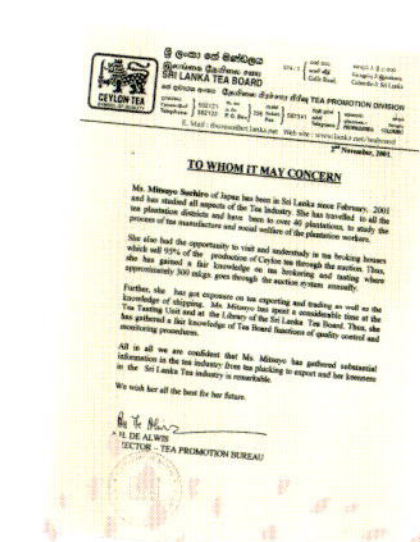

←スリランカ政府紅茶局から受け取った推薦状

MITSUTEA

12:00-17:00　定休日 月曜
〒231-0868　神奈川県横浜市中区石川町2-69-1F
tel : 045-263-6036　mail : info@mitsutea.com
www.mitsutea.com

お店でお待ちしています！

参考文献

Tea & Empire James Taylor in Victorian Ceylon
著　者: Angela Mccarthy , T. M. Devine
出版社: Manchester Univ Pr

The Pioneers: Early British Tea and Coffee Planters and Their Way of Life, 1825-1900
著　者: John Weatherstone
出版社: Quiller Press

The Tea Book: Experience the World's Finest Teas, Qualities, Infusions, Rituals, Recipes
著　者: Linda Gaylard
出版社: DK

世界の茶文化図鑑
著　者: ティーピッグズ 、ルイーズ・チードル 、ニック・キルビー
翻　訳: 伊藤はるみ
出版社: 原書房

磯淵猛が歩いた—紅茶レジェンド
イギリスが見つけた紅茶の国
著　者: 磯淵猛
出版社: 土屋書店

紅茶 味わいの「こつ」: 理解が深まる Q&A89
著　者: 川﨑武志、中野地清香、水野学
出版社: 柴田書店

"紅茶の聖地を巡る旅"

スリランカ トラベルブック

著者　中永美津代
編集　Tea Time 編集部
定価 1,800円(税別)　2019年7月15日初版発行

編集長　伊藤葉子
編集　田口みきこ
アートディレクター　佐々木信 (3KG)
デザイナー　石田愛実 (3KG)
写真　佐々木信 (3KG)
石野明子 (STUDIO FORT)
神谷政志 (SPICE UP)
イラスト　石田愛実 (3KG)
セイロン・ティーマップ　大屋奈々子
写真提供　トラベルサライ
Yathra Travels
スリランカ観光局

発行者　伊藤葉子
発行所　サンサンサン
〒107-0062　東京都港区南青山 6-3-14 サントロペ南青山 302
http://www.teatimemagazine.jp

発売　サンクチュアリ出版
〒113-0023　東京都文京区向丘 2-14-9
電話 03-5834-2507　FAX 03-5834-2508

ISBN978-4-8014-9252-3

制作協力
Galle Face Hotel ／ スリランカ航空 ／ トラベルサライ
Yathra Travels ／ Ruwan Rajapaksa ／ 在日スリランカ大使館 ／ スリランカ政府紅茶局
スリランカ政府観光局 ／ 天前ちさと(Otto Design Lab.) ／ カレルチャペック紅茶店

印刷　株式会社シナノパブリッシングプレス